Le Ministère de l'intérieur

Alice Massat

Le Ministère de l'intérieur

ROMAN

LE GRAND LIVRE DU MOIS

9, rue du Cherche-Midi, 75006 Paris
ISBN 2.7028.3543.0
B 24836.1

Prologue

Je surveillais mon corps. Il était rond, proportionné, conforme aux normes physiologiques en vigueur pour son jeune âge. Sa taille était petite, la peau fine. Les poils courts et blonds qui la parsemaient restaient difficilement perceptibles, à moins d'être mouillés. La chevelure sur ma tête frisait abondamment. Un duvet noir tapissait les parois internes de mes narines. Je pouvais l'effleurer du bout de mon auriculaire. Ma bouche s'ouvrait franchement. Je pouvais la combler avec mon pouce. Deux de mes dents étaient tombées et mes gencives rosâtres en verraient surgir d'autres, plus grosses et plus solides : celles pour toute la vie. Mon menton bosselé servait fréquemment de prise aux mains des adultes qui réclamaient mon attention (mes joues et mes oreilles aussi). Parfois on prenait mon bras, ou ma main. Personne ne touchait les autres parties de mon corps. Mes orteils m'amusaient et je leur parlais. Je me demandais quel aspect prendraient mes genoux sans ces croûtes qui les maculaient, stigmates de mes chutes fréquentes, badigeonnées d'un mercurochrome magenta. Mes fesses s'avéraient confortables si je devais m'asseoir. Mon nombril était la marque d'un orifice condamné. Il ponctuait la peau lisse de mon ventre, arrondi par la régularité et l'abondance de mes repas. Mes tétons symétriques se révélaient semblables à ceux des garçons, mais je pissais assise.

La fente qui traçait une ligne parfaitement droite entre mes deux jambes n'était que la continuation logique de celle qui séparait mes fesses et qu'on appelait *la raie*. Elle dissimulait plusieurs trous destinés à uriner ou à déféquer au gré de mes besoins. Son axe marquait la symétrie de mon corps. Sur cet axe s'alignaient encore d'autres trous : celui de mon nombril, celui de ma bouche, les deux trous de mon nez, le trou occipital et le trou de mon derrière. De part et d'autre de cette structure soutenue par ma colonne vertébrale s'articulaient quatre membres que j'étais libre d'agiter comme je l'entendais. Mes oreilles et d'autres organes sensoriels tels que mes yeux se présentaient également par paires et affinaient mes perceptions stéréophoniques ou tridimensionnelles. Tout était parfaitement efficace, cohérent, beau et logique. Je n'avais aucune question à me poser sur ce qui allait de soi – à moins que l'entrejambe masculin ne s'exhibât sous mon nez.

Tout avait commencé par l'interpellation d'une voix grave à l'accent enjoué. Distinctement mais derrière mon dos, je perçus quelques mots et ces mots disaient :

– Hé ! regarde comme elle est grosse !

Mon attention fut de ce fait détournée de l'ascension rituelle des premières marches de mon immeuble. Je contemplai le spectacle d'un homme au pantalon baissé. Le personnage révélait un appendice étonnant qui pointait vers moi tel un doigt dénonciateur. Il paraissait heureux. Ce spectacle inédit suscita du fond de ma cage thoracique une puissante expiration prolongée en un rire nerveux que j'étouffai tant bien que mal. J'escaladai alors les marches de l'étage, à toute vitesse, poussée par un sentiment instinctif. Même si je trouvais ça drôle, l'affaire ne me disait rien qui vaille. Le type me rejoignit d'un seul bond, puis il glissa la main dans ma culotte. Un cri aigu, long et puissant se libéra du fond de mon ventre. Le défroqué redescendit aussitôt. Puis il disparut. Le geste froid et brutal qui m'avait fait hurler ne laissa aucune trace sur mon corps, mais chacune des secondes de cet événement surprenant marqua étrangement mon esprit. D'autant plus que d'autres adultes, très intéressés par cette histoire, ne manquèrent pas de m'en faire répéter chaque détail. Ils me questionnèrent longtemps. Je leur répondais. Ils s'indignaient. Ils disaient *ben dis donc !* Ils insistaient. Aucune précision ne les apaisait. Je décrivais le personnage. Je mimais son geste. Alors les grandes personnes se tapaient sur les genoux tout en marmonnant *non mais tu t'rends compte !* Leur accent de révolte se doublait d'un ton angoissé. Leur effroi pénétra le mien. Il l'amplifia. J'en fus contaminée.

J'avais été témoin d'un spectacle interdit et quelque chose avait changé. Tout devenait grave et amer. Un mystérieux danger planait sur l'existence, tellement redoutable qu'il était tu par tous. Les adultes ne le maîtrisaient pas plus que moi-même. Mes joies devinrent fades, alourdies par des doutes constants et impénétrables. Je grandirais avec cette peur, d'autant plus terrifiante que je n'en saisissais pas l'objet.

De l'autre bord, les garçons provoquaient. Leur différence les diabolisait. Je l'avais constaté dans mes escaliers. Ils disposaient de ce cinquième membre, sorte d'excroissance allongée, soutenue par une boursouflure mafflue, très sensible, qu'ils appelaient *testicule* et qu'ils mettaient au pluriel. Ils se vantaient d'en avoir. Ils savaient pisser debout. Ils connaissaient des mots et des attitudes qui réveillaient l'indignation des adultes. Ils ne pleuraient jamais. Ils disaient qu'ils n'avaient peur de rien. Nous étions ennemis.

Ainsi, tout fonctionnait par paire de deux opposés, séparés par un trait, une limite. La raie qui constituait la féminité du corps humain démontrait cette structure évidente et dichotomique de nous-mêmes et de toutes choses. Filles, nous en étions des symboles vivants et animés. Nous incarnions les dualités et les symétries du monde entier : nous étions des manifestations de la perfection elle-même. Garçons, ils devaient supporter leur excroissance comme une tare physiologique qu'ils s'efforçaient de dissimuler à moins de se révéler monstrueux et fous, comme le type de mon escalier. Il y avait les filles et les garçons comme il y avait le bien et le mal, le beau et le laid, le vrai et le faux. J'étais née du bon côté : celui des filles, celui de ma propre mère. Quelques hommes néanmoins se révélaient acceptables, comme mon père, ou certains professeurs. C'est qu'ils étaient adultes. L'existence des garçons *de mon âge* s'avérait, elle, intolérable et insupportable. Ils devaient se maintenir en deçà de la limite. Je n'aurais pu concevoir qu'ils dépassassent les bornes, qu'ils franchissent le seuil de nos différences. Aucune liaison ne les y autoriserait.

Amusés par ma haine, les hommes adultes tentaient de m'expliquer qu'ils avaient été petits, comme les garçons de mon école. Je grandirais moi-même, prédisaient-ils, tout comme mes ennemis, et nous finirions par nous entendre. Je bouchais mes oreilles. Pourquoi les croire ? Comment accepter la possibilité de ces métamorphoses invisibles à l'œil nu ? J'avais déjà une expérience suffisante de la vie pour constater combien la répétition de mes journées et de leurs habitudes lui imposait une constance inébranlable. Mais je n'avais pas encore assez existé pour comprendre que par-delà ces rythmes récurrents s'insinuait un développement fatal. C'était une question de temps, implacable, et le temps n'était rien d'autre que la succession des jours, une succession qui transformerait mon corps sans que je m'en aperçoive *tu comprendras quand tu seras grande…* Ils répétaient qu'ils ne pouvaient rien expliquer aujourd'hui, qu'ils n'avaient pas le temps, qu'il me suffisait d'attendre et d'attendre. Ils m'offrirent une montre à aiguilles que j'accrochai à mon poignet. Ils m'apprirent à distinguer la droite de la gauche. Ils m'enseignèrent l'alphabet et les chiffres. Ils me disaient *je compte sur toi* en dressant l'index. Ils agitaient leurs mains en me demandant *est-ce que tu t'rends compte ?* Et les garçons de l'école s'acharnaient à vouloir *régler leur compte aux filles*. Je ne devais pas oublier de *compter* la monnaie lorsque j'achetais du pain, puisque la nourriture aussi s'échangeait selon des *comptes*. Il fallait *compter* les pièces, les kilos et les jours. *Compter* les bonbons si je désirais les *échanger*.

Les chiffres révélaient l'existence d'un langage secret qui codifiait un échange. Cet échange se mesurait exclusivement au moyen du compte, et les comptes s'établissaient selon diverses opérations qu'ils nous enseignaient et qu'ils avaient nommées *addition, soustraction, multiplication* ou *division*. Tout ce qui s'opérait sur le mode de la soustraction et de la division m'angoissait, tandis que les sommes et les produits me rendaient joyeuse. Les comptes déterminaient mes humeurs et celles de mes parents qui calculaient leurs moyens et déclaraient leurs revenus. Ces calculs déterminaient leur position dans la cité, et la mienne dans mon école. Les riches se distinguaient des pauvres comme les filles des garçons. Nos identités paraissaient inhérentes à ces oppositions. Ils m'apprirent à tout séparer, à catégoriser et à classer. Ce qu'ils possédaient et ce qu'ils avaient compté les constituaient. Personne ne voulait m'en expliquer davantage *tu comprendras quand tu seras grande...* Alors je m'enfermais dans les cabinets. Ici je n'appartenais à aucun camp ; ni celui des filles, ni celui des garçons ; ni celui des pauvres, ni celui des riches ; ni celui des petits, ni celui des grands. Mon isolement mettait en péril les lois de la relativité. Par rapport à personne, je pouvais être tout le monde. Je pouvais pisser debout en soulevant ma robe et en écartant ma culotte. Je pouvais apprécier des trésors de billes et de perles dont la valeur n'éblouissait que moi-même. Je pouvais monter sur le trône, et je devenais grande. Nul besoin d'attendre, ni de compter les mois et les jours. J'observais le sol vu de haut, la poignée de la porte. Leurs proportions se trouvaient métamorphosées par la distance qui nous séparait. Le monde perdait toute fixité, toute permanence. Le déplacement de mon point de vue me changeait moi-même et modifiait tous les objets.

Entre les années scolaires s'imposait une période plus courte qu'on appelait *les vacances*. Je me retrouvais placée en colonie *de vacances*. J'appliquais les enseignements que les adultes m'avaient transmis : je comptais les heures. Ce type de rassemblements infantiles, outre la souffrance provoquée par la séparation d'avec mon territoire familier, m'imposait le terrible désagrément de me tenir en contact prolongé avec les garçons de mon âge. Il devenait impossible de nier leur existence, comme celle de leur cinquième membre, inhérente à leur présence malsaine. Je redoutais certaines révélations. D'autre part, l'absence des parents en libérait quelques-uns et les incitait à se vautrer en de grotesques comédies amoureuses. La haine m'en préservait. Je méprisais trop ceux de l'autre sexe pour imaginer un commerce quelconque avec l'un des leurs. Les plus grands ne s'en privaient pas. Des couples se formaient et s'embrassaient sur la bouche. Je tâchais d'observer leur manège. Ils imitaient nos parents. Ils se tenaient par la main. Puis ils se disputaient, pleuraient et se quittaient pour tout recommencer auprès d'une autre victime. Par-delà le mimétisme des attitudes adultes entre deux personnes de sexe opposé planaient plusieurs mystères. Il était évident qu'aucun garnement n'y avait accès. Les imitations des enfants du centre puaient la feinte. Les plus grands ne s'appliquaient qu'à reproduire ce que de plus grands qu'eux reproduisaient à leur tour. Et ainsi de suite. À l'école, on m'avait montré des livres qui s'intitulaient *La Reproduction*. La nudité des corps y était représentée par de pâles dessins, et l'aboutissement de ces activités mimétiques, répétitives et reproductrices contraignait la femme à l'accouchement d'un bébé au sexe imprévisible. D'où sortait-il ? Par où entrait-il ? Là n'était guère mon souci, jusqu'à ce que l'effroi me conduise à réaliser que j'étais moi-même le fruit d'une *reproduction* opérée par mon propre père et ma propre mère – pas si propres de ce fait. Cette horreur justifiait ma ressemblance avec leurs figures et leurs caractères, ainsi qu'avec ceux des autres membres de ma famille, tous issus de ces pratiques scabreuses. Sous cette fente qui me constituait, par-delà cette limite que je pensais nette et infranchissable, par-delà le signe incarné qui séparait la femme de l'homme, le vrai du faux et le beau du laid, par-delà le bien et le mal, il était dissimulé un accès direct au cœur de mes entrailles. Un cinquième membre grainier pouvait s'y introduire et s'y introduirait – car il était écrit que je ne pourrais échapper au système implacable de la reproduction. Tout était déclenché depuis ma naissance.

Jours et nuits se succédaient quoi qu'il arrive. Le temps me conduisait irrémédiablement vers ce qui devait advenir et j'étais terrifiée. Je contenais un rictus moqueur lorsque je rencontrais une femme enceinte. Je la regardais marcher devant moi : elle l'avait fait, elle aussi. C'était encore pire lorsqu'elle donnait le bras à son mari. Ils ne se cachaient pas. Ils étaient obscènes. Les autres disaient que c'était bien – puisqu'ils étaient mariés. Les mères de famille nombreuse n'étaient pas spécifiquement des femmes lubriques : elles avaient accompli *leur devoir conjugal,* scrupuleusement. Elles maudissaient celles qui s'égaraient avec les maris des autres. Elles méprisaient celles qui s'égaraient avec n'importe qui, sans avoir légitimé leur union par la loi et la religion. Elles insultaient celles qui s'égaraient contre de l'argent. Et pire que toutes les autres : celles qui s'égaraient juste pour le plaisir *comme si c'était agréable !* Elles accouchaient dans la douleur et c'était leur devoir. Elles s'exprimaient sur le ton d'une certitude indubitable, sûres d'elles-mêmes, au nom de Dieu.

De mon côté, je m'appliquais scrupuleusement à faire mes devoirs. Je me tenais à carreau. J'avais peur de tout. Je redoutais essentiellement cette fatalité qui voulait que je me conforme à leur image. Les conséquences génésiques s'imposeraient, incontournables. J'allais y passer, c'était certain. Ma taille avait évolué suivant les normes établies par le médecin scolaire. Les marques de stylo échelonnées sur le cadre de la porte de la chambre de mes parents en attestaient : je devenais plus grande d'année en année. Et les bougies sur mon gâteau d'anniversaire, et le chiffre de mon âge, et les classes de mon école : tout compte fait et refait indiquait la normalité galopante de mon développement. Pour l'instant je n'avais pas de seins, ni de poils sous les aisselles, ou autres pubiens. Mais *ça poussera,* vaticinaient les dégoûtantes qui en étaient couvertes en dépit de leurs préoccupations constantes au sujet des nouveaux procédés d'épilation. Normale, *normale* : il faudrait être normale. Tout au fond de moi, je doutais encore que mon corps puisse se transformer de la façon prédite. Pourtant, lorsque les futures mamans exhibaient sous mes yeux leurs protubérances gravides, les grimaces tentant de dissimuler mon rire transformaient ma figure en masque sardonique. Mon corps changerait comme ça : comme ma tête. Je porterais du rouge à lèvres, un soutien-gorge et des chaussures à talons. J'irais chez le coiffeur régulièrement. Je collectionnerais des parfums aux flacons ciselés. Je m'exclamerais : *Flûte ! J'ai encore filé mon collant !* Je rirais bruyamment lorsqu'un homme chuchoterait à mon oreille. Je n'écarterais jamais les jambes. Je serrerais les genoux en m'asseyant, ou bien je les croiserais en caressant une cigarette mentholée que j'aurais sortie de mon sac à main verni. Je l'allumerais avec mon briquet plaqué d'or. J'exhiberais mes ongles longs et laqués. Je laisserais du rouge sur mon mégot bagué et sur ma tasse à café. J'irais faire des folies avec mon carnet de chèques pour me remonter le moral. Je parlerais de mon découvert en tirant sur ma jupe. Je me rendrais fréquemment aux toilettes. Je rêverais de voyager avec mon mari, très loin, très très loin. Je ferais un régime pour garder la ligne – et beaucoup d'autres choses encore… Je les ignorais pour le moment puisque j'étais *enfant*.

Le dictionnaire qu'ils m'avaient offert pour célébrer mon entrée dans l'âge de raison mentionnait « *Enfant* : du latin *infans*, qui ne parle pas. » Je faisais bien de la fermer si je ne voulais pas m'attirer des ennuis. *Normal*, ils avaient écrit : « *Normal* : du latin *normalis*, de *norma*, équerre. » J'avais raison de me tenir à carreau si je voulais rester dans les normes et ne pas m'égarer. J'évitais donc de discuter de la métamorphose et des sexes poilus. En attendant de comprendre, et de tout comprendre, je retournais à ce qui m'occupait le plus sérieusement après mes devoirs scolaires : jouer à la dînette, par-dessus le carrelage froidement indifférent de la cuisine de mes parents.

Première partie

Quelques investigations

What's inside a girl ?
Somethin's tellin'me there's a whole nutter world
The Cramps, *A date with Elvis*

Le type me suivait depuis un moment. Je le sentais marcher près de moi, à même allure. Il demeurait sur ma gauche, quelque peu en arrière. Je distinguais seulement ses cheveux blancs et son costume beige, plutôt élégant pour le quartier. Il paraissait riche. Il m'arrêta pour me demander un *renseignement*. Je n'entendais rien. Je ne voulais pas savoir, ou alors il parlait trop bas. Le bruit des voitures, la chaleur qui montait, l'air irrespirable : tout affaiblissait mes sens. Je répondis au vieux : *Pardon, j'ai pas compris...* Il continua de parler. J'entendais toujours aussi mal. Je perçus finalement ceci : ... *nous nous arrêtons... porte cochère... juste peloter... dix mille balles...*

Je n'ai pas réfléchi. Je lui ai répondu sans y penser. Je lui ai demandé s'il allait bien. Le vieux fit demi-tour. Il se perdit dans la foule. Je demeurai interdite et immobile. Un sentiment violent qui s'apparentait à de la haine venait de me bousculer. Je tâchai d'analyser l'affaire. Il m'avait vouvoyée. Je considérai cette attention comme une marque de respect. Pourtant, ce qu'il me proposait revenait à me considérer comme une prostituée. Or les putes, disait-on, n'étaient pas respectables. Avais-je l'air d'être l'une des leurs ? Je baissai le regard sur mes tennis abîmées par l'usage et le train las de ma démarche, mon jean troué au genou, ma chemise à rayures ouverte sur mon tee-shirt acrylique : non. Alors je me laissai gagner par l'évidence. C'était elle (l'évidence) qui avait accéléré le mouvement de mon cœur et le flux de ma transpiration. Elle disait (l'évidence) que j'avais l'air d'une femme qui peut se faire peloter. Le personnage avait remarqué que mes seins commençaient à enfler. J'ignorais qu'il existât des amateurs pour cette période spécifique de l'âge féminin qui annonce la métamorphose. J'associais son attirance envers moi à un vice inconcevable, et à un affront, puis à une réalité cruelle et indicible : celle qui touche au sexe. J'ai marché de plus en plus vite pour retourner chez moi, puis j'ai couru. Je me suis demandé ce qu'était une porte cochère. Je me suis demandé combien faisaient dix mille balles. Énoncé de cette façon – *dix mille* – ça avait l'air énorme, mais il comptait en ancien francs, c'était probable. Et même, combien faisaient *dix mille* en francs nouveaux ? C'était sans doute ce que je valais : le prix de deux disques à l'époque, ou celui de deux paires de boucles d'oreilles, ou celui de trois places de cinéma avec trois esquimaux.

Il avait prononcé : *juste peloter* – *juste* indiquait qu'il aurait pu faire autre chose… La crainte s'érigeait en obstacle à mon intelligence. Elle revenait à moi comme les matins reviennent. C'était toujours la même panique, familière et insupportable. Les autres se seraient effrayés à leur tour, ils auraient poussé des cris, ils m'auraient demandé de leur raconter encore et encore, comme le jour du défroqué à la voix grave. Nous aurions tous peur et nous ne saurions pas nous défendre. Je n'en dirais rien à personne. Cette affaire demeurerait secrète. Je devais encaisser et me protéger. Ne pas séduire. Être moche. Personne n'apercevrait les tuméfactions de mon corps. Je me dissimulerais. Je m'habillerais comme un garçon. Je ne me maquillerais jamais. Je ne porterais plus de robes.

Un renseignement, avait demandé le vieux, *vous demander un renseignement*. Pour *renseignement* ils avaient écrit dans mon dictionnaire : « La chose, le fait que l'on porte à la connaissance de quelqu'un. » Ce vieux incarnait un renseignement sordide. Une annonciation miséricordieuse. Je me demandais ce que j'allais devenir.

La réticence ne m'empêcha pas de remarquer que les propositions indécentes qui excitaient ma peur étaient concomitantes avec le système reproductif du mammifère carnivore. Or, si les questions d'exhibition des organes génitaux et de pelotage mammaire étaient interdites et condamnées au sein de mon milieu proche, *la reproduction* en revanche était un thème ouvertement abordé et accessible. Cette fonction justifiait nos existences. Tous nos actes lui étaient consacrés. Nous étions nés pour donner la vie qui donnerait la vie qui donnerait la vie pour les siècles et les siècles. L'aménorrhée prévenait de l'état de l'épouse fécondée. Ses règles la libéraient pour neuf mois : elle était tombée enceinte. Grossesse, nausées, douleurs, accouchement et maternité s'ensuivraient. Puis ses règles la reprendraient tous les vingt-huit jours, sur le rythme des faces de la lune et du mouvement des marées ; et tout recommencerait, toujours recommencer – pour reproduire et reproduire, en comptant les jours, les mois, les ans et les enfants.

Les pratiques déviantes auxquelles j'étais conviée par des inconnus sexués lorsque je marchais seule dans la rue n'avaient pas pour but la procréation. Elles étaient perverses, de « *perversion* : action de pervertir, changement en mal ». Le mal et les mâles justifiaient ma frayeur. Ils s'opposaient au bien de la reproduction et de la féminité – bien qui malheureusement me terrorisait pareillement. La métamorphose programmée de mon corps glabre et innocent s'accomplissait sans me demander mon avis. Les hommes des rues s'en étaient aperçus. Quelque chose m'échappait. Où étais-je si mon corps me lâchait ? Je décidai de contenir avec vigilance chacune de mes sensations. Elles marquaient sans doute le trait immuable qui me constituait. Lorsqu'il serait solide et fort, je l'extirperais de moi-même. Et je l'observerais. Alors je me connaîtrais. Et il m'aiderait à savoir qui j'étais, depuis le début.

En attendant, je doutais. On m'avait enseigné que la peur était le fruit d'une ignorance profonde et creuse. Qu'à cela ne tienne : je la comblerais. Ainsi, je devais tout connaître.

Je me renseignai. Les rituels d'approche habituels étaient connus de la plupart de mes condisciples. En premier lieu, et avant tout accès au mystère terrifiant enfoui au plus profond de cette nature qualifiée d'humaine, il s'agissait de *rouler une pelle*. Mélanger les salives, sucer, tourner. Pourquoi une pelle ? « *Pelle* : outil composé d'une plaque mince de métal ou de bois ajustée à un manche. » Ils voulaient dire rouler la langue, en la gardant bien plate, telle la pelle ou le palot, par en dessus, par en dessous, sur les côtés. Je m'entraînais seule. Une question m'oppressait : le sens ? Celui des aiguilles d'une montre ou celui de la rotation de la planète ? Je m'exerçais pour les deux hypothèses. Dix à droite et dix à gauche. Sur ma main, dans le vide ou devant la glace. J'embrassais mon esquimau au chocolat dans l'obscurité des salles de cinéma. J'observais les simulations des acteurs. Je remarquais parfois une parcelle de leurs langues répugnantes : c'était bien ce qu'on m'avait dit. Je poursuivais mon entraînement. La pratique la plus douce était celle qui s'opérait avec un éclair – au café de préférence. Je m'emparais délicatement de l'objet. Je pourléchais la couche satinée de couleur claire qui le recouvrait ; puis j'introduisais ma langue sur la pointe du chou et je l'enfonçais dans son intérieur onctueux. Je la roulais autour de la crème fourrée, au sein de la forme idéale de ce gâteau divin. Ma bouche s'emplissait du délice lacté et parfumé. La saveur melliflue me comblait. J'engloutissais tout. J'avalais, et j'étais heureuse. J'aurais voulu m'embrasser, pratiquer cet exercice avec moi-même. Goûter ma langue.

Je faisais tout avec moi-même. Des sensations surprenantes m'avaient laissé entendre ce que personne ne dit. L'apothéose avait souvent lieu. De mon plein gré. Elle arrivait tranquillement, après des montées de plus en plus pressantes. Sur un rythme soutenu et régulier. Puis d'un seul coup d'un seul : elle ébranlait. J'avais pensé ne pas y survivre la première fois. Mon bonheur avait été violent. Le plaisir que j'avais éprouvé bouleversait toutes mes certitudes. J'aurais accepté de mourir après l'avoir goûté. Il méritait largement un sacrifice funèbre. Mais je restai vivante. Et je découvris la plus belle raison de vivre. Au gré de la cadence des contractions de l'intérieur de mon corps, j'eus l'intuition d'un bonheur parfait. Je promettais : *je veux que ça m'arrive encore, même si tout s'arrête après.* Alors je vibrais. Après l'apocalypse, rien n'avait changé. Sauf moi : je n'étais pas normale.

Je me renseignai encore. Je découvris que cette pratique était tout de même identifiée parmi les mœurs humaines et animales. Ce qui m'apaisa pour un moment. Je n'étais donc pas une exception, ni une sainte frappée par l'extase, ni une dégénérée perverse. On désignait toutefois cette activité par des noms péjoratifs. Personne ne la recommandait. Les adultes disaient que c'était une maladie. Cela ne m'empêcha nullement d'en maintenir l'usage. Néanmoins, je n'étais pas opposée à ce qu'il restât secret. Le caractère privé de mon plaisir l'amplifiait. Tant pis si je devenais sourde. Et je vérifiai qu'un véritable scandale se révélait à chaque fois : il existait donc un bonheur explosif, complet, clair, net et franc. Personne n'en parlait jamais (le savaient-ils ? trichaient-ils ? étais-je vraiment malade ?). Durée : trois à quatre secondes. Intensité : variable selon l'activité antérieure, le moment de la journée, l'humeur et les motivations cérébrales de sa recherche. Fréquence : très haute. Effets indésirables : aucun, sinon l'excès lui-même, celui-ci pouvant provoquer des risques d'agacement physique, une baisse de qualité certaine de l'effet espéré, des énervements, une déprime passagère. Posologie : de préférence le matin avant de quitter le lit – histoire de se lever du bon pied. Tout autre moment de la journée peut en être également sublimé – l'instant précédant l'endormissement est toutefois déconseillé en raison des perturbations du sommeil occasionnées par le trouble.

Je jouais avec ma personne et avec personne d'autre. Je me surprenais. Des états brefs mais divins gratifiaient mes recherches et mes tâtonnements. Parviendrais-je à me suffire à moi-même ? C'était impossible. J'étais implacablement attirée par l'objet sur lequel ma haine s'acharnait depuis que j'avais compris que j'étais une fille.

Avant tout combat, il s'avérait impératif d'identifier plus précisément l'Ennemi. *Ennemi* : terme générique du groupe qui constitue les êtres humains mâles, détenteurs d'un organe excroissant et grotesque. L'Ennemi ne se bornait plus désormais à la simple espèce masculine venue au monde la même année que moi-même. L'Ennemi était *tous les hommes*. La mixité de mon collège me permettait d'en étudier quelques spécimens. Le seul caractère remarquable et commun, que je relevai après une observation superficielle de chacun d'eux, fut qu'ils n'en avaient aucun. Ils étaient tous insignifiants, et de manière singulière, ce qui, paradoxalement, leur accordait une ressemblance. J'aurais voulu leur plaire. Je me trouvais agacée et jalouse d'apprendre que la séduction de l'une de mes congénères opérait avec succès. Je doutais de mon apparence extérieure : elle n'avait attiré en tout et pour tout que deux adultes sexuellement dérangés. Plaire à l'un des attardés de ma classe était une tout autre affaire. Il fallait qu'il tombe amoureux, qu'il le dise et qu'on me le répète. Alors j'aurais réussi… mais quel en était le prix ? Me coltiner un débile à tenir par la main durant toute la récréation ? Accepter de me laisser baver dans la bouche par un impubère en patins à roulettes ? Je traversai les plus grands moments de découragement de mon étude, et je n'en étais qu'aux préliminaires. Je ne me sentais pas à la hauteur de mes idéaux de normalité. Tout cela méritait-il tellement d'efforts ? Les motivations me manquaient effectivement. Je décidai de me limiter à l'aspect sexuel de la relation. C'était d'ailleurs le point qui m'intéressait le plus sincèrement, car il était inhérent à ma terreur. Il était tu par tous, secret ou indicible. Pour ce qui était de l'amour en revanche, il n'y avait aucun mystère. On l'affichait, on le chantait, on le filmait, on l'écrivait depuis le premier livre. Les nabots que je côtoyais chaque jour ne pourraient rien m'apprendre sur l'horreur sexuelle. J'allais m'infiltrer chez les lycéens.

Je renonçai aux tentatives d'amélioration de mon apparence extérieure. Le souvenir oppressant des adultes que j'avais attirés à mon insu me conseillait de demeurer discrète, neutre et transparente. Passer inaperçue me permettrait en outre de mener mon enquête avec davantage de succès. La télévision le démontrait quotidiennement : aucun détective ne cherchait à se faire remarquer, et surtout pas par des effets esthétiques, cosmétiques ou vestimentaires. Grâce à quelques manigances faciles et à cette discrétion naturelle qui voulait que ma personne fût le contraire de remarquable, je m'incrustais très facilement au sein des petites soirées que quelques élèves de seconde organisaient. Ils se retrouvaient certains soirs, dans la chambre exiguë de l'un d'eux, passaient des disques de hard-rock sur un tourne-disque poussiéreux, et descendaient des canettes de bière en discutant des vacances à venir et des jours fériés.

Je suivais Valérie, fille de la gardienne de mon immeuble, plus âgée de quelques années, mais intimidée à l'idée de se rendre seule à ces petits rendez-vous, mixtes et privés. En contrepartie de ces sauf-conduits chez les hard-rockeux de seconde, je lui rendrais quelques services. Je devrais surveiller son fiancé ou partir lui chercher un gâteau de temps en temps, à n'importe quelle heure de la journée, lorsque son désir se manifesterait.

Les garçons pubères ne semblaient guère importunés par mon jeune âge. Tout ce qui leur importait était mon sexe : il était féminin. *Ça manque de filles,* répétaient-ils entre deux goulées. Je ne les trouvais pas plus séduisants que les imbéciles de ma classe. Ils étaient simplement plus grands, plus velus, et ils savaient ce qu'ils voulaient : des filles *(des culs et des nichons).* Passé onze heures, ils tamisaient l'éclairage. Un spot orange et célibataire projetait sa lumière contre le poster d'un chevelu en transe, recroquevillé sur une guitare électrique tatouée d'autocollants colorés. La musique tournait au sirop et leurs gloussements se faisaient plus rares, *Welcome to the Hotel California.* Ils embrassaient leurs copines et aventuraient leurs mains sous les tee-shirts Fruit of the Loom. Deux couples, trois couples. Plus personne ne parlait. Je m'habituais au goût de la bière et je comptabilisais les garçons qui restaient. Celui que j'avais repéré et sur lequel je me concentrais depuis mon arrivée tout en songeant à mon étude récupéra son blouson et dit *au revoir.* Il en restait un seul, vautré derrière moi. Il était encore plus vieux que les autres : il avait dix-sept ans et venait de tripler sa classe. Il était brun, et le comble de sa virilité frisottait allégrement sur ses joues. Une barbe drue recouvrait son visage. Dans la pénombre et après quelques bières, l'objectif de la mission à satisfaire culminait. Mes réticences furent englouties par une curiosité avide et intrépide. Il caressait mon cou, je le laissais faire, et mon premier baiser nettoya mes angoisses. L'obscurité me dispensait de prendre sa laideur en considération. Je ne le reverrais sans doute jamais. Cette certitude allégeait encore mon cœur et mon esprit. Les baisers se prolongeaient, délicieux, langoureux et appliqués. Nous tournions nos langues toujours dans le même sens, sur un rythme aussi régulier que celui des rotations du disque de vinyle qui poursuivait ses lamentations amoureuses. Il avait passé sa main dans mon dos. Il dégrafa le soutien-gorge *âge tendre* qu'on avait bien voulu m'acheter avec les fournitures scolaires de cette rentrée (*c'est pour la gym*, avais-je prétexté afin de justifier ma demande tout en échappant au baratin et aux commentaires sur mon état de métamorphose). Ce fut la première fois de ma vie qu'un homme toucha mes seins. Je dois dire que j'aurais été prête à me réconcilier avec la terre entière au moment où ses paumes les contentèrent. Le baiser ne s'interrompait pas pour autant, et ma vigilance non plus. D'accord : je ne connaissais rien de plus agréable, mais ce n'était pas une raison pour m'abandonner aux mains de l'Ennemi. D'ailleurs, celles-ci commençaient à s'aventurer sur mon ventre, puis sur mon jean, puis il baissa ma braguette. Je me relevai d'un seul bond d'un seul, et je la remontai tout en écartant le bras du tripleur de seconde. J'avais bien vu les gros titres des magazines ciblés *jeunes filles prépubères*. Je m'en moquais ouvertement pour prendre un air malin, mais j'avais lu ce titre, un jour, comme ça, en passant ma tête par-dessus l'épaule d'une midinette retenue en classe de permanence : ATTENTION, LES PREMIÈRES CARESSES SONT SOUVENT DANGEREUSES ! Le chapeau expliquait plus précisément que nous risquions de tomber enceintes si nous succombions au surprenant plaisir des premières fois. Nous oublierions tout et nous nous retrouverions fécondées. Le garçon vicieux nous abandonnerait. Notre vie serait sacrifiée. Je n'étais pas encore en âge d'être féconde, mais ce n'était pas une raison pour oublier de me méfier. Le hard-rockeux respecta ma volonté avec une diligence dont j'appréciai l'élégance. Il se contenterait de mes deux seins et de ma bouche, ce qui, tout compte fait, n'était déjà pas mal. Alors nous reprîmes nos baisers. Il me caressait, je ne le touchais pas. Je demeurai passive et réceptive jusqu'au moment de rentrer. Nous nous quittâmes sans un mot. Je ne connaissais même pas son nom. La nuit fut légère et douce, c'était une bonne chose de faite. Pourtant, une voix répétait constamment dans ma tête : *D'accord, c'est fait, mais t'aurais pu trouver autre chose qu'un barbu attardé !*

De cette première défloration surgissait une certitude : il n'était guère nécessaire que le complice se trouvât beau et respectable. Le baiser avait été agréable auprès de ce personnage repoussant et velu ; il n'y avait aucune raison pour qu'il ne le soit encore avec n'importe quel autre. Ce qui était bon était le baiser. La personne importait peu. Et je tenais à connaître toutes les façons d'embrasser.

Au milieu d'une fête ennuyeuse, un samedi après-midi, j'inventai avec Isabelle le concours-de-celle-qui-en-embrasserait-le-plus. Nous avons attaqué au moment des slows. Avec le premier qui m'invita, je parlai trente secondes puis j'approchai ma bouche de la sienne, sur la cadence de *You are my destiny.* Une fois que ma copine eut constaté le baiser, je dis au revoir au type et changeai de cavalier. Isabelle prit ma place. Elle embrassa le garçon tout de suite après moi sur les mouvements de *Dreams are my reality.* Puis elle fonça sur le second que je venais de lâcher. Une fois, deux fois, trois fois. Aux haleines de bière succédaient celles de tabac froid. Les langues fines, rigides et hyperactives nettoyaient le souvenir des grosses molles et gluantes. Je les goûtais toutes. Je n'en savourais aucune. Là n'était guère mon souci. Nous leur donnâmes des surnoms assortis à leurs baisers : le serpent, la limace ou le cendrier. Puis les autres garçons commencèrent à comprendre. L'affaire prenait de l'ampleur. Ils arrivaient d'abord vers moi, ayant sans doute remarqué que j'avais été l'instigatrice du stupre. Je choisissais. Je me délectais de cette aisance légère qui m'accordait un pouvoir de sélection. Je congédiais la plupart. Je déclarais nonchalamment : *non, pas toi*. Je m'alanguissais dans la position imaginaire d'une princesse qui passe en revue ses prétendants. Embrasser tous les crapauds ? Pas question ! Mais il y avait le concours, et les garçons partaient tous voir Isabelle. Elle les prenait sans les regarder. Elle les embrassait l'un après l'autre. Elle allait gagner. Je surenchéris dès l'introduction langoureuse de *Starway to heaven*.

Les filles qui organisaient la boum se sont révoltées à ce moment-là. Elles nous dévisagèrent en chuchotant avec un air adulte. Puis changèrent la musique. Ce fut la fin des slows. *Highway to hell, I'm on the highway to hell* démarrait les premières mesures de ce qui voulait mettre fin à notre exploit. Quelques garçons sautèrent sur place tout en agitant la tête et en simulant le jeu d'une guitare imaginaire mais néanmoins très électrique. Les mains gauches agitaient les doigts au niveau des braguettes, tandis que les droites tenaient solidement le manche illusoire. Angus Young était leur héros, AC/DC le groupe du siècle – pour cette année, du moins. Bon Scott n'était pas encore mort. Les garçons qui ne s'étaient pas fait embrasser commencèrent de nous insulter. Les plus moches étaient les moins grossiers. Et Isabelle et moi tombions à égalité. Pendant un court moment j'éprouvai quelques doutes. Je constatais que ceux qui nous agressaient avaient raison : nous étions des salopes. Quoi qu'il en soit, il m'en fallait un neuvième pour nous départager. Je me rabattis sur un garçon de ma classe qui se laisserait convaincre. Il était laid. Je lui expliquai le jeu. Je lui dis : *Tu te laisses embrasser et puis c'est tout : c'est pour un concours.* Il rigolait niaisement. Il ne voulait pas. Il se refusait. Il voulait me toucher. Il disait oui, puis il disait non. Je le sentais chauffer et rougir. Il esquissait des gestes sensuels et délicats, mais sa figure était répugnante, comme sa voix aux hormones. Sa peau était grasse, d'une teinte curieusement orangée. Son traitement dermatologique antiacnéique colorait tout son visage et son cou. Ses cheveux étaient crépus, aplatis par un gel à la mode pour lequel la publicité avait recruté trois agités disco mais néanmoins super-mignons, dont la blondeur et le brushing travaillé se dispensaient en réalité de tout produit coiffant, collant et gluant. Il sentait le déodorant *Savane pour l'homme* que j'avais déjà respiré sur les échantillons spray de la méga-surface d'Ermont-Eaubonne, et sur lesquels je m'étais acharnée à pratiquer une exhaustion méthodique et certaine, histoire de me défouler. J'étais aimantée par une répugnance violente envers ce pou parfumé, et j'étais écœurée par mon attirance. Je voulais gagner. Il demeurait scotché au mur. Il était le premier du lot qui m'attirait vraiment. Et j'avais honte de mon désir. Et plus je le voulais, plus je me détestais. J'insistais comme un garçon. Je le méprisais, et je lui disais le contraire. Je disais que je voulais que nous restions amis. Je disais que, pour cette raison, nous ne devions pas risquer une histoire amoureuse *juste un baiser ! allez quoi !* Isabelle surveillait. Si je roulais une pelle à ce crétin je gagnais le concours. C'est ce qui arriva. Je n'ai joui ni de ma fierté ni d'une quelconque récompense. J'étais simplement capable d'être libre, et j'existais. Mais mon trouble se trouva aggravé par ce dernier baiser. L'envie du corps de l'autre avait tiraillé mes sens du côté opposé à celui de ma conscience. Pourquoi fut-ce le plus laid qui me troubla à ce point ? Je ne me comprenais pas moi-même. Ma raison devait prendre le pas sur mes instincts déréglés. Je décidai de les ignorer. L'expérience serait dorénavant la motivation suprême, le moteur essentiel de tout ce qui m'animait. Je lui sacrifierais mes désirs sans aucun doute et sans aucun regret. J'espérais m'en débarrasser comme on débarrasse la table avant de se mettre au travail. L'étude avait priorité sur mes goûts.

Ma tête passerait avant mon ventre, pour m'échapper de la cellule exemplaire dans laquelle les adultes avaient décidé de me voir grandir. J'avais déjà pris les devants. Je ne m'arrêterais pas en si bonne route.

Les roulages de pelles n'avaient plus de secrets pour moi, et je savais que j'y étais sensible. Toutefois, la maîtrise que j'avais acquise n'abordait que les préludes de ma recherche. Bien des inconnues turlupinaient encore ma raison. Je n'étais pas complètement sourde. J'avais entendu parler de l'érection de leur membre. On m'avait raconté des histoires qui disaient qu'il grossissait quand on le touchait, comme si c'était magique. Je me demandais si le sperme existait réellement. Je sentais bien, lorsque les garçons me pressaient contre eux durant les slows, qu'une masse tumescente, brûlante et ferme ne demandait qu'à faire sauter les fermetures de leurs jeans à boutons. Mais je n'imaginais pas l'objet, dressé ou gonflé. J'avais scrupuleusement étudié les polycopiés du cours de sciences naturelles qui détaillaient la coupe du pénis humain. Les corps caverneux (qui ne sont pas des muscles), le gland, le prépuce, le méat urinaire, sans oublier les bourses. Toute la classe s'était esclaffée lorsque j'avais demandé où se trouvait l'os. *Tu l'imagines dans le plâtre si on se le casse au ski ?* Outre le ridicule qui m'éclaboussait, la déception d'apprendre que cet objet n'était pourvu d'aucune structure osseuse me laissait désemparée. *Eh ! Tu sais, le meilleur c'est pas l'os, c'est la moelle !* Je regrettais l'existence d'un soutien condylien qui aurait maintenu le membre, emboîté dans un autre os, pour une articulation géniale et solide. Je rêvais, et j'étais bête. Par-delà ma curiosité, je devais m'affranchir de ma naïveté. Il fallait que j'apprenne, vite. Faire comme si j'avais toujours su, naturellement. Ne plus avoir peur. Étudier comment ils fonctionnent, sentir ce qu'ils éprouvent : comprendre. J'avais eu mes règles pour Noël. La tache de sang brun qui avait maculé la blancheur enfantine du fond de ma culotte faisait carillonner un requiem dans ma tête : je n'étais plus une petite fille. La différence fondamentale qui m'opposait à l'Ennemi prenait des formes évidentes. Elle s'exhibait sur mon corps par un arrondissement manifeste de tout ce qui jusqu'alors était demeuré ferme et plat, à l'image des mâles. Ma poitrine, mon ventre, mes hanches, mes fesses et même les lèvres de ma bouche se gonflaient, turgescentes et sensibles. Il était l'heure d'aller à leur rencontre, à la rencontre des types. La fin de l'année approchait. J'enterrerais avec elle mon ignorance en salissant mes mains innocentes. Je les voulais pleines. Je ferais cracher leurs appendices (avec ou sans muscles, avec ou sans os). Je deviendrais une experte en dessiccation – aussi redoutable sur leur virilité que sur les sprays *Savane*, l'eau de toilette pour eux, les hommes.

Je profitai des célébrations de la nouvelle année pour honorer mes résolutions. Je m'infiltrai dans une fête de réveillon. Ils s'amusaient, tous plus âgés que moi. Le début de la soirée s'était déroulé sans que j'adresse la parole à personne. On m'aurait dite invisible. Sans aucun doute : j'étais trop moche. Allais-je devoir renoncer à mon principe de dissimulation ? Il était trop tard. Je comprenais qu'il n'y aurait rien à faire : j'étais comme j'étais et je n'intéressais personne. Je me haïssais. Vers deux heures du matin, il ne restait plus tellement de filles. L'un d'eux m'approcha enfin et esquissa ce que j'identifiais correspondre à de la drague (« *drague*, de filet *drègue*, de l'anglais *drag* "crochet", de *to drag* "tirer" »). C'était agréable et rassurant. Il y en avait au moins un qui m'avait vue. Il me souriait, je lui souriais. Il m'invita à danser un slow sur *Nous, nous c'est une illusion qui meurt, d'un éclat de rire en plein cœur, une histoire de rien du tout, comme il en existe beaucoup*. Il s'appelait Jean-Michel. J'étais petite. Il était grand. Il portait des mocassins à glands, un jean avec un pli, une chemise bleu pâle et un débardeur bordeaux. L'heure avançait. Il fallait que j'y passe, peu importaient mes considérations vestimentaires. Sa figure n'était pas trop effrayante. Je pensais à Isabelle et à la nécessité de lui faire un rapport détaillé, histoire de corriger mon humiliation attachée à la question de l'os pénien.

Nous nous installâmes, Jean-Michel et moi-même, sur le canapé et fîmes semblant de discuter. Le dialogue ne s'amorçait pas. Nous ne nous comprenions pas. Enfin, il m'embrassa. Je le trouvai maladroit. Il rencontrait des difficultés pour placer sa tête en une inclinaison congrue. Je ne l'aidais pas. Le baiser n'était pas bon. Par quelle maladresse effleurais-je immanquablement ses dents à chaque mouvement de ma langue ? C'était la première fois que je ne parvenais pas à m'adapter à l'autre. Je le trouvais trop mal habillé, sans aucun doute. Je regardais autour de nous. Il faisait sombre. Deux autres couples s'enlaçaient un peu plus loin. Nous étions tranquilles. Je me forcerais. Il fallait attaquer. Je devais toucher l'objet. Le saisir.

Je posai ma main par-dessus son jean, l'air de rien. C'était juste un peu chaud. Doucement, je glissai entre ses cuisses. Ce n'était pas dur. Plutôt mou et volumineux. Il commença à mieux m'embrasser. Il passa ses mains dans mon dos. Tout devenait plus agréable, mais je devais rester concentrée sur l'objet inconnu. Je réalisai après quelques instants que c'étaient ses testicules qui étaient si mous. En remontant quelque peu, je rencontrai une masse oblongue et solide, fortement comprimée par la fermeture de sa braguette. Je tentai maladroitement de l'ouvrir. Il m'aida. Alors je palpai la chose par-dessus son slip. Comme pour fuir l'angoisse des minutes que je goûtais, dans l'appréhension de l'objet de mes premiers effrois, toutes sortes de considérations mentales tâchèrent de distraire ma vigilance : celle-ci s'attarda sur son slip. *Slip :* le mot comme son référent contenaient quelque chose d'absolument répugnant. Le slip désignait l'Homme, tous les hommes, et ils étaient ridicules puisqu'ils portaient des slips. La culotte en revanche, féminine, était charmante et forcément seyante. Ce type de comparaison, insensée et préoccupante, dissimulait sans aucun doute l'inquiétude que la rencontre précoce de ma différence avec celle des garçons engendrerait. Je me souvins de plaisanteries sur les kangourous. Puis je cherchai à reprendre contenance, au nom de l'Expérience, pour raconter à Isabelle. Je rigolai tout de même, bêtement.

– Qu'est-ce qu'il y a ? demanda Jean-Michel.

– Rien, rien : j'ai trop bu.

J'avais peur. J'allais toucher l'objet. Du bout de mes doigts réticents, je partais à l'aventure. D'abord je caressai par-dessous le bord de l'élastique. La peau : normale. Quelques poils. Il était comme un homme, comme un adulte – je me trouvais dans ses bras et c'était bien – il fallait poursuivre. Je glissai une partie de ma main plus profond, sous le tissu. Rien. Encore des poils. Et puis si : c'était chaud. Que faire ? Il devenait impératif d'agir pour ne pas reculer : saisir l'objet. Raconter à Isabelle. Le prendre comment ? Je plaçai ma main par-dessus. D'accord, il était cylindrique. Je le savais. En haut c'était humide, sans être mouillé. D'accord. Il était tendu. C'était l'érection. Dur comme un muscle (même si ça n'en était pas un, mais des corps caverneux). Et puis Jean-Michel guida mes gestes. Il déposa ma main sur la base de sa queue, puis il descendit sur ses testicules, puis il revint sur sa queue. Il serrait mes doigts qui serraient son… sexe. C'était bien cela : je tenais son *sexe* entre mes doigts. Je répétais des mots dans ma tête. J'avais touché ses *couilles* par-dessus son *slip*, maintenant, je tenais son *sexe*, sa *bite*, son *zob*, sa *pine*, sa *queue*. Ma main montait et descendait selon un mouvement étonnant et régulier.

J'imaginais combien ce geste pouvait lui faire plaisir. Je ressentais presque son plaisir. Le mien se réveilla malencontreusement. Mais il était hors de question d'y sombrer, avec un type si mal habillé. Je tâchai de l'étouffer. Et plus je voulais le réfréner, plus il me harcelait. Mon ventre vibrait de l'intérieur, il avait chaud, et pas assez chaud. Il fallait que l'autre le réchauffe encore. Seuls des mouvements énergiques et puissants pouvaient lui convenir. Semblables à ceux que j'appliquais sur lui, le garçon, comment déjà ? Jean-Michel ! Je rouvris les yeux. Je repris contenance. Sensible moi ? Pas du tout. J'étudiais la sexualité du mâle, rien d'autre. Et j'en déduisis que je ne connaissais pas, chez nous les filles, un endroit sur notre corps où la peau glissât de cette façon, sur quelque chose de tellement dur. Il soupirait, et il transpirait. Je poursuivais sans son aide. Je m'appliquais à maintenir le rythme constricteur. De temps en temps, Jean-Michel replaçait sa main sur la mienne. Il me demanda de le serrer plus fort. Je voulais bien. Je le *branlais*. C'est ce que je me répétais alors. *Branler, va te faire branler, j'en ai rien à branler*. Je méditais sur la masturbation réciproque. Sur l'échange des plaisirs solitaires, qui le demeureraient (solitaires), tout en ne l'étant plus. Je songeai à l'acte sexuel proprement dit, ou salement fait, pratique qui revenait sans doute à se masturber dans le corps de l'autre, jusqu'au moment ultime. Ce n'était rien d'autre finalement. Pas de quoi en faire toute une histoire. Et Jean-Michel m'embrassa à nouveau. Sa langue se tendit dans ma bouche. Son haleine alcoolisée souffla dans mon nez. Il éjacula.

– T'as un kleenex ?

– Ben non.

Je regardais ma main, maculée par l'exhaustion de cet organe décidément très singulier. Il avait craché son venin, comme dans la chanson. Je ne bougeais plus. Et voilà donc le sperme. Je m'essuyais sur son slip. Une odeur d'ammoniaque corrompait l'atmosphère. J'étudierais leurs sécrétions une autre fois. Pour le moment j'avais assez donné. À chaque jour suffisait sa peine. Et l'année commençait bien. Une pointe de dégoût souillait tout de même mes studieuses découvertes. Je trouvais Jean-Michel encore plus repoussant après cette affaire. Ses mocassins à glands devenaient intolérables. Il se nettoyait avec une serviette de papier couverte de Pères Noël imprimés et de boules de sapin rouges. Je détournai le regard de sa pine. Il voulut m'emmener chez lui. Je n'avais pas le droit. Et c'était tant mieux. Je devais dormir sur place. Il raconta qu'il voulait *faire l'amour.* Et puis quoi encore ? Je lui dis mon âge. Il fit une drôle de tête. *Bon alors salut…* Il ne me demanda pas mon numéro. Il ne me donna pas le sien. J'étais vexée. Pourtant je le trouvais vraiment nul. Je lavai mes mains, vite. Je réfléchissais : ne pas perdre le souvenir ; rechercher une partie de mon corps qui puisse évoquer, au toucher, ce que j'avais ressenti en découvrant l'appendice ferlé. Voilà une occupation qui me détournait sérieusement du désir violent que j'avais osé ressentir, au lieu de me consacrer dignement à mon étude. Et je trouvais. Et une voix dans ma tête rouspétait sans arrêt. Je ne voulais pas entendre ce qu'elle me disait. Je savais qu'elle n'était pas contente. Pourtant, j'avais bien avancé.

Quelques jours plus tard, au C.E.S., je me souvenais encore précisément de la sensation. J'expliquais clairement à Isabelle :

– Tu vois, la peau qu'ils ont sur la bite, c'est pareil que celle qu'on a sur la paupière. Imagine qu'elle recouvre un manche de marteau par exemple, alors en la faisant glisser de haut en bas et de bas en haut – il faut empoigner l'objet – tu le fais éjaculer. La substance s'exprime au bout d'un petit moment, et le crétin se pâme…

Nous posâmes toutes les deux un doigt sur une paupière. Nous la fîmes glisser de haut en bas. Une fille de la classe nous demanda ce qu'on fabriquait :

– On s'entraîne.

Ce qui arrivait aux autres m'arriva enfin : je tombai amoureuse d'un garçon du C.E.S. Ses cheveux étaient foncés, et coupés comme ceux de Jean-Louis Aubert, chanteur de Téléphone – *Allez crache ton venin* – dont j'étais amoureuse et dont la popularité ne s'était pas encore propagée à l'ensemble de la gent féminine et adolescente (ce qui aurait, cela va de soi, mis un terme à mon enthousiasme et à l'indicible attrait qu'il exerçait sur moi). Ses yeux étaient clairs et sa silhouette légère, comme ceux de Luke Skywalker, héros de « La Guerre des étoiles » – *Que la force soit avec toi* – dont j'étais amoureuse et dont la séduction était trop subtile pour les profanes qui lui préféraient la virilité d'un Ian Solo rebelle. Son front était grand et sérieux, comme celui du Numéro Six, héros de la série « Le Prisonnier » – *Je ne suis pas un numéro : je suis un homme libre* – dont j'étais amoureuse et à l'intelligence absconse duquel l'isolement forcé conférait un charme irrésistible que j'étais néanmoins la seule de ma classe à savoir apprécier. La synthèse incarnée de ces différentes idoles ne manquait pas d'exercer son effet sur la plupart de mes copines. Faute de nous opposer, le consensus nous rapprochait : nous tombions toutes d'accord. Et l'évidente attirance que ce garçon exerçait sur nous toutes devenait un mérite indéniable qui multipliait sa cote. Je le voulais, comme les autres. Je me flattais de l'avoir repéré avant tout le monde. Il avait de la grâce, une élégance virile qui parvenait à m'attirer. Il savait cracher dignement. Il s'appelait Olivier. Nous l'observions durant les récréations. Nous nous étions procuré son emploi du temps. Nous l'attendions à la sortie des cours. Nous le suivions. Nous nous informions sur ses activités extrascolaires. Nous harcelions sa petite sœur. Je savais que je n'avais aucune chance. Il sortait avec des blondes qui portaient des vestes en jean et qui se maquillaient. J'étais frisée, brune, et il me faudrait attendre au moins un an avant de pouvoir obtenir le privilège de remplacer mon affreuse parka bleu marine à capuche rembourrée de peluche synthétique par une veste digne de ce nom. Ma figure de bébé n'arrangeait pas l'ensemble et le maquillage n'y pouvait rien. Je fumais en cachette afin de jaunir ma mine absolument rose. J'avalais de temps en temps une gorgée de whisky en espérant que les rides et les cernes tombent sur mon visage, telle une bénédiction esthétique qui estomperait mon teint juvénile. Rien n'y faisait. On me prenait toujours pour une gamine. La boulangère me tutoyait. Et dans les rues de Paris, lorsque je marchais seule et tranquillement, les bonshommes me tutoyaient, eux aussi.

Ils avançaient tout en glissant la main sur leur braguette. Lorsque nous nous croisions, ils me balançaient : *Tu veux que j'te la mette ?* Ils envoyaient des petits bisous chuintants, en passant. Ou bien ils parlaient : *Faut sourire, ma belle !* Ils me fixaient, prenaient un air décontenancé, laissaient tomber leurs sourcils, leurs joues, les coins de leur bouche : *Ça a pas l'air d'aller, ma grande...* Parfois, au contraire, ils rigolaient et me demandaient : *Pourquoi tu souris dans le vide ?* Et dans certains quartiers, d'autres jours, il en arrivait un qui agitait violemment sa langue sur ses lèvres tout en faisant irruption dans mon champ de vision et en disant : *J'boufferais bien ta chatte...*

J'avançais toujours, impassible. Ne pas répondre. Les laisser comme ça, la queue entre les jambes. Certains regards s'allumaient, plus obscènes que n'importe quelle parole. Ils se posaient sur mes protubérances en pleine croissance pourtant dissimulées par les pans de mes chemises d'homme et par mon écharpe mauve qui traînait par terre. Lorsqu'une main s'aventurait, je me retournais et je lui disais : *Pauv'tache !*

Le mot *tache* de « *tache* : petit espace de couleur différente dans un espace de couleur uniforme » était une nouvelle insulte qui se répandait cette année-là. Cette expression était concomitante de la découverte d'une pratique nocive mais néanmoins grisante qui consistait à inhaler les effluves méphitiques d'Eau Écarlate (*tu connais pas ? Ta maman t'a pas appris ça ? L'Eau Écarlate, retiens ça par cœur, est un détachant ins-tan-ta-né*, comme ils le chantaient à la télé). Alors moi, devant l'obscénité de ces taches, je dissimulais mes énervements tout au fond de mon corps – de l'indifférence, pauvres hommes, voilà tout ce que vous aurez de moi. En réalité j'écumais de mépris. Je les aurais frappés, écorchés, torturés, castrés et condamnés à nettoyer la ville. Ceux qui sortaient leurs queues dans le métro m'écœuraient au plus haut point. J'en avais pourtant déjà touché une de mon plein gré. Mais l'homme tout habillé qui la laisse dépasser comme ça, avec un sourire serein sur sa figure abîmée par l'ennui, le tabac, les réveils précoces et répétitifs, celui-là provoquait une accélération irrémédiable des battements de mon cœur. Je transpirais. J'étais frappée de paralysie. S'il remarquait ma stupeur, j'étais perdue. Je suais davantage. Qu'il l'agitât ou non, qu'il bandât ou pas, l'exhibition pénienne en un lieu public me métamorphosait en statue visqueuse. Je demeurais figée en une posture apparemment naturelle, censée contenir mon trouble et exprimer ma peur le plus discrètement possible, par les pores de ma peau qui sécrétaient cette substance humide et odorante. Autrement, je ne transpirais jamais.

Quoi qu'il en soit, mon apparente indifférence terrassait toutes les provocations viriles. L'absence de réactions évidentes faisait fuir les instigateurs de troubles. Je devins experte pour dissimuler mes impressions sous un calme inébranlable. Ce n'était plus la peur qui me paralysait, c'était mon indifférence qui s'imposait. Elle gagnait à tous les coups.

Ce jour-là, je n'eus même pas le temps d'être interloquée. Le R.E.R. roulait en douceur – peu de bruit, peu d'affluence. J'étais installée sur un strapontin bleu électrique, quadrillé de noir, légèrement plus confortable que les bleu turquoise du métro urbain. Personne n'occupait cette zone lorsque je me suis assise, mais je n'étais pas seule dans le wagon. Un livre de poche était posé ouvert sur mes genoux, et je ne le quittais pas des yeux. Ce que je lisais m'entraînait dans une sphère parallèle que je fréquentais systématiquement lors de mes déplacements souterrains en transports en commun. C'était le grand avantage du livre. Grâce à cet objet, je m'abstrayais sans peine d'un environnement sourdement sonore, peuplé d'individus en attente, préoccupés par des activités passées ou à venir, jamais par le moment présent, trop réel, trop fade et trop banal. J'étais absente, absorbée par l'histoire d'un homme aux mœurs cénobitiques et de son malheureux commerce avec le démon :

Dans un tel esprit tu peux te hasarder : engage-toi ; tu verras ces jours-ci tout ce que mon art peut procurer de plaisir ; je te donnerai ce qu'aucun être humain n'a pu même encore entrevoir [1].

Puis le train ralentit. Les vibrations lénifiées par le freinage signalaient l'entrée en gare. Un réflexe voulut que je lusse le nom de celle-ci, histoire de vérifier que je me déplaçais dans la bonne direction. L'écoulement à mes pieds d'une substance lourde et liquide rappela mon regard vers le bas, avant même d'avoir repéré l'une des énormes plaques bleues aux lettres blanches. C'était une flaque de sperme. L'homme disparut précipitamment, tel le saumon remontant la cascade, en sens inverse du courant de la foule qui s'engouffra au même moment dans le compartiment. Je fonçai tout au bout du wagon. Je voulus partir ailleurs, vite. Le train redémarrait. Personne n'avait rien vu ? Tant pis, tant mieux. Se serait-il masturbé tout près de moi sans que je m'en aperçusse ? Aurait-il consciemment retenu la libation de la sécrétion afin qu'elle coïncidât avec l'ouverture des portes ? Aurais-je été éclaboussée ? Je respirai profondément. J'inspectai mes vêtements. Je ne pouvais pas parler aux inconnus qui me côtoyaient. J'attendis de me retrouver face à une connaissance rassurante et je lui déballai l'histoire. Elle me répondit : *ça n'arrive qu'à toi des trucs pareils,* et elle changea de sujet.

Alors le miracle arriva, comme pour me punir :

1. Goethe, *Faust*, éd. Garnier-Flammarion, p. 77.

Ah ah ! Tu veux vraiment ce que tu veux, toi qui fais bander les gros porcs du métro ? Tu veux vraiment ce que tu serais incapable d'obtenir sans l'aide surnaturelle des monstrueux incubes qui ont repéré en toi cet air de famille qui est l'absence de grâce et d'élégance dans laquelle tu te vautres sans scrupule aucun ? Nous allons t'aider, petite sœur, car c'est là ce que tu attends ! Grâce à nous tu goûteras l'objet de ton désir. Mais ne viens jamais pleurer pour des réclamations ! Promets !

Et je pactisai.

Les vacances d'été s'étaient emparées de toute concurrence. Mon quartier déserté, sous la chaleur poussiéreuse des après-midi d'août, était régulièrement traversé par Olivier, seul. Des hauteurs de ma tour, je le surveillais. Je descendais précipitamment dès que je l'apercevais. Je m'arrangeais pour que sa route rencontre la mienne. La première fois : un sourire. Le lendemain : un sourire. Un beau jour : il me dit *bonjour*. Et quelques nuits plus tard, je le trouvais par un heureux hasard à l'une des assemblées miteuses où venaient ceux qui étaient rentrés, ceux qui ne partaient pas, ceux qui allaient partir. Olivier était là. Un concours de circonstances joua en ma faveur. Un ami d'Olivier, sans que je puisse en expliquer les raisons forcément insensées, était tombé amoureux de mon teint rose et mafflu, de mon indifférence et de cette lassitude qui s'extirpait de chacun de mes gestes. Il me sublimait et me surestimait. Il tenait à mon propos des discours apologétiques : il s'occupa de ma promotion auprès d'Olivier. La fille que ce dernier convoitait depuis le début des vacances se faisait trop désirer pour qu'il insistât davantage (il avait sa fierté). Olivier s'approcha de mon oreille pour me demander si je fumais.

– Bien sûr…

Il désigna un paquet de blondes qui émergeait de la poche de sa veste en jean, juste sur son cœur, et me proposa de faire un tour avec lui. Je le suivis. Lorsqu'il m'eut donné du feu, j'aspirai une grande bouffée. Je m'appliquai à avaler la fumée consciencieusement pour avoir l'air plus vieille. Je rêvai d'un teint gris, adulte. J'expliquai à Olivier ma conception de la vie. Je me plaignis d'ennui, de haine et de mépris. Je déclarai que tout était laid, mauvais et glauque. Je dis que la condition humaine ne m'intéressait pas, que j'abhorrais l'existence, que je supportais tout et que je n'aimais rien. La douceur de l'air du soir, embaumée par la présence d'Olivier, transformait mon discours contradictoire jusqu'à l'aporie en une trahison évidente de tout ce que je ressentais au moment précis où je parlais. Quoi qu'il en soit, les propos de dénigrement me séduisaient toujours, donc ils séduiraient Olivier. Je le savais, et je le sentais bien. Il m'embrassa, et jamais la vie ne serait plus belle.

Le paradoxe inébranlable qui écartelait sans délicatesse le corps de mes propos et les sensations de ma personne faisait très mal au ventre. J'étais tombée amoureuse. J'en subissais tous les symptômes. Mon appétit avait déserté, et des exigences entériques inexplicables me conduisaient aux cabinets dès que je pensais à l'objet de mon sentiment. J'en étais malade. J'avais perdu du poids et je me demandais si cette souffrance inlassablement chantée par toutes les générations de toutes les nations n'allait pas à l'encontre de la mission d'étude qui m'incombait. Des idées obsidionales me taraudaient. Il m'arriva de considérer Olivier comme le pendant masculin de la créature idéale façonnée par l'opposant pour retourner James Bond (qui était moi). Me verrais-je piégée par l'Infâme ? Victime du transfuge ? Détournée de mon étude ? Je me promettais de ne jamais me laisser poignarder dans le dos. Je n'oublierais pour rien au monde la présence de l'Ennemi. Pour le moment, les transformations que mon état amoureux infligeait à ma conduite et à mon organisme me grisaient – et la maigreur m'irait très bien. Je persistais ainsi à entretenir ma relation avec Olivier. En outre, ma popularité s'en trouva accrue dès la rentrée scolaire. D'immondes pécores me toisaient en s'exclamant : *Ah ! C'est toi la fille qui sort avec lui…* Car nous sortions ensemble, selon l'expression convenue. « *Sortir* : du latin populaire *surctus*, classique *surrectus* de *surgere* : jaillir. » Nos langues s'enlaçaient et nos sécrétions confluaient. Il me sifflait du bas de mon immeuble. Je vérifiais d'un regard, j'envoyais un signe du bras, et j'accourais. Je percevais dans son appel le signal de la fuite. J'abandonnais toute affaire familière et le temps que prenait l'ascenseur pour me descendre à ses côtés me suffisait pour imaginer le meilleur, l'idéal, le Prince, son cheval, son château, mes robes et ma couronne. L'atterrissage fut rude, et Olivier perdit rapidement l'aura dont il jouissait avant nos attouchements.

J'avais mis en application les exercices pratiqués avec mes précédents modèles. J'observais le besoin charnel qui l'attirait directement vers les stigmates de mon caractère féminin. Puis il y avait ce mystère qui opposait son désir et ses actes à ceux des hommes des rues qui m'avaient terrifiée – pourtant c'étaient les mêmes ! Les baisers d'Olivier me liquéfiaient. Ses érections m'allumaient et m'embrasaient. Je fusais, et ses éjaculations ne m'écœuraient même pas. De lui, tout était charmant, et nous restions chastes. La peur avait-elle été terrassée tel le dragon par l'épée de saint Georges ? C'était inconcevable. Je refusais d'admettre que l'effroi, moteur imperturbable de mes recherches depuis la chute de ma première dent, puisse être dissipé par le premier venu. Ainsi, lorsque celui-ci chercha à s'informer sur la virginité de mon corps, je le trompai. Le mensonge me protégeait. Signifiant à Olivier que je ne l'avais pas attendu, je lui indiquai que j'avais vécu sans lui, et que je vivrais sans lui. La réalité affirmait le contraire. J'avais l'impression de toucher enfin aux qualités de l'existence depuis le soir de notre premier baiser. Je redoutais l'abandon et la trahison. Je craignais de redevenir comme avant, sans lui. Ma dépendance était patente. J'étais piégée par l'Ennemi. Je me rendis à cette évidence sordide, socle de mes contradictions : au côté d'Olivier, je me détournais de mes promesses d'enfant. Je m'oubliais. Je me trahissais moi-même. Je préférais tromper le monde extérieur plutôt que ma personne et le souvenir de mes premiers sentiments. Je mentais constamment. Mon corps changeait sans m'attendre. Je le punirais. Je lui imposerais ce que ma raison déciderait, fidèle aux résolutions infantiles. Mon ardeur resterait immuable – quoi qu'il arrive –, dévouée à l'étude et à l'expérience, méfiante à l'égard des dogmes et des reproductions, avide de construire sa propre éthique, sa propre logique et sa propre esthétique :

Je suis belle, ô mortels ! comme un rêve de pierre,
Et mon sein, où chacun s'est meurtri tour à tour,
Est fait pour inspirer au poète un amour
Éternel et muet ainsi que la matière.

Les vers de Baudelaire épinglés sur le mur de ma classe, contre le tableau très noir, seraient les maîtres directeurs de l'édification de mon âme, immarcescible et belle, en dépit des faiblesses de mon corps, putrescent et mortel.

Je hais le mouvement qui déplace les lignes,
Et jamais je ne pleure et jamais je ne ris.

Mon incarnation deviendrait une arme contre mes ennemis, tout contre eux, et ils le regretteraient. « *Pucelle* : jeune fille, femme vierge (ou supposée telle). » Ce mot cognait dans ma tête comme une insulte, une honte, une abomination avec laquelle j'étais née – un opprobre. Là était le vice. Je préférais passer pour une salope, en devenir une authentique. « *Salope* : moralement répugnante. » Voilà qui était plus respectable à mes yeux, voilà qui permettrait à ma conscience de combler ses failles et ses ignorances, contre l'horreur de mon corps. Ce qui répugnait m'intriguait et m'attirait. Cette fascination troublait mes nerfs. J'aurais voulu provoquer le même effet sur les autres. J'espérais les intriguer, les attirer et les troubler : devenir répugnante. Olivier parut choqué. Il me trouvait trop jeune. Cela ne l'empêcha pas d'évoquer son désir de pénétrer mes entrailles (tel saint Georges le dragon). Je sombrais dans la confusion : *J'ai pas envie de tomber enceinte...* Il suffisait d'aller chez le médecin, disait-il. Écarter les cuisses sous la lampe du *gynécologue*, de « *gynécologue* : celui qui connaît le langage des femmes ». Obtenir une ordonnance. Avaler la pilule. Quoi qu'il en soit, je réalisais avec effroi que, même si je cédais au désir d'Olivier, il découvrirait que j'avais menti. J'imaginais instinctivement (on ne m'en avait pourtant jamais rien expliqué) que la première fois laisserait des traces sanglantes, révélatrices du changement de l'état de mon corps. Olivier s'en apercevrait. Qu'est-ce qui était le pire : rester vierge ou passer pour une menteuse, passer pour une pucelle qui veut s'approprier l'assurance d'une salope ? Ce n'était pas drôle.

Je m'emparai d'une banane. Je me rendis aux toilettes. Ici, je pouvais appréhender tranquillement la question. Il fallait que *ça* puisse entrer dans moi. *Ça :* objet rigide, long et ductile. C'était un défi – impossible. En dehors des aliments, par la bouche, quelques suppositoires, par-derrière, je n'avais jamais rien mis à l'intérieur de moi, par-devant ; pas même un doigt. J'étais écœurée à l'idée de me rentrer dedans. Je sortis des cabinets avec l'objet.

Je l'épluchai. Et sans la peau ? Rentrerait-il plus facilement ? Les morceaux se déferaient sans doute à l'intérieur de mon ventre. Et comment les retirerais-je ? Il faudrait aller à l'hôpital. Diagnostic : *Branlette à la banane, sans la peau, (c'est une pucelle)*. Je répondrais : *Non, ce n'était pas pour prendre du plaisir, je vous jure, c'était juste pour me déflorer, pour me faire saigner, pour me débarrasser de l'hymen, le truc donc ils parlent dans* L'École des femmes – l'*hymen* de « *hymen* : membrane ».

Je ne m'en chargerais pas moi-même. Un autre s'en occuperait, un jour. Ce ne serait pas Olivier. Mon sentiment envers lui troublerait l'expérience, je ne pourrais pas étudier. Il faudrait que j'agisse avec quelqu'un qui me laisse froide et indifférente ; avec quelqu'un qui ne me fasse pas perdre les moyens de ma recherche, ni mal au ventre. Olivier était dangereux. Il me voulait et il me plaisait. Il me faisait oublier la terreur intrinsèque qui constituait la féminité de ma personne depuis que j'en avais pris conscience. Il m'agressait au plus profond. Ce n'était plus de la peur que j'endurais, c'était une saloperie d'angoisse. La douleur de mon ventre remontait jusque dans ma bouche. Elle donnait un mauvais goût à chacun des moments de la journée. C'était une saveur toxique qui entraînerait ma mort et la fin de tout, je le pressentais terriblement.

J'engloutis la banane que je venais d'éplucher. Je rompis avec Olivier, et je retrouvai mon appétit.

Je mangeais très vite, quoi que ce fût. Je mordais, je mâchais et j'avalais rapidement. Je me servais encore, je goûtais autre chose. Je gardais le rythme pour chaque bouchée et pour le masticage. Je variais les aliments, je variais les goûts, toujours sur la même cadence d'absorption. Toute la machine se déclenchait, mise en branle par l'idée que je mangeais. Je savais que chacun des organes de mon corps relaierait l'autre, jusqu'au dernier moment. Je n'attendais pas entre les plats. Je passais directement de l'un à l'autre, sans quoi j'aurais risqué d'éprouver des sensations qui m'auraient commandé la modération. Je poursuivais sur cette lancée, jusqu'à ce que je n'en puisse plus. Comme la veille et comme l'avant-veille, j'avais tout avalé. J'avais oublié comment je m'étais arrêtée. J'attendais cet instant, l'instant où je renonçais, celui qui précédait l'écœurement. À ce moment précis, je comprenais que c'était terminé. Je respirais. Je sentais mon estomac lourd et gonflé. Je me disais que ça suffisait. Je savais que ça y était : je n'avais plus envie de rien. Je n'avais pas envie de vomir non plus. J'étais tranquille jusqu'au prochain repas.

Parfois je me regardais manger dans le reflet d'une vitre ou dans un miroir. Je rougissais lorsque j'avalais, j'avais le regard éteint. Je me trouvais obscène. Je trouvais obscènes toutes les personnes qui mangeaient comme moi. J'observais souvent la tête des gens lorsqu'ils mâchaient, surtout ceux qui se retrouvaient seuls à table. Ils mangeaient vite. Ils affichaient toujours la même expression, mécanique et effrayante.

Le besoin pressant de tout avaler tiraillait mon corps entre les placards, le four et le réfrigérateur. Les produits gras et sucrés savaient mieux que les autres combler les manques de force et d'assurance que la croissance, la peur et la haine déclenchaient toutes en chœur. La substance salvatrice était le chocolat. À peine libérée de l'école, j'arpentais la cuisine à la recherche de produits bruns. Seule à la maison : yaourts à la crème chantilly, biscuits fourrés, tartines, breuvages – tout au chocolat. Je m'installais devant la télévision, équipée des substances fourrées et parfumées. Je choisissais les programmes les plus débiles. J'en mettais partout, sur ma figure, sur mes vêtements et sur mes doigts. Les dessins animés japonais m'hypnotisaient. J'avalais jusqu'à l'écœurement, puis je ramassais les emballages. Je m'essuyais. Je n'avais l'air de rien lorsque les autres arrivaient. Ils me demandaient si j'avais faim pour le dîner. Je répondais oui nonchalamment.

Un jour, je fus poussée par une terrible envie à rejouer la publicité du chocolat fondant sur la poire confite (au rythme d'une batterie sensuelle). Ignorante des pratiques culinaires et pâtissières et pressée par l'urgence de mon caprice, je décidai d'enfourner une tablette. Je surveillai la fonte sur le papier d'aluminium, puis je réalisai que je n'avais pas de poire. Je retirai la matière brune et molle du four qu'elle avait parfumé. L'odeur fut violente et bouleversante. Je saisis une banane, soigneusement épluchée, je la trempai dans la substance brûlante, et je l'en recouvris au moyen d'une cuiller. J'absorbai ma préparation en rougissant, comme si je me livrais à une pratique scabreuse. Puis je regrettai de ne pas disposer d'une bombe de crème chantilly dont j'aurais aspergé le mets.

Je retrouvai Olivier. Nous nous réconciliâmes. Il m'emmena à une fête. Je me sentais plus légère auprès de lui, pourtant j'avais grossi. Tout devenait plus agréable. Mon indifférence avait eu raison de l'inopportun sentiment qui m'avait ébranlée. Olivier m'entraîna dans la chambre des parents qui servait de vestiaire.

– Pas sur le lit.

– Où alors ?

– Viens par terre. Si quelqu'un entre, on sera cachés.

J'avais bu plusieurs verres de sangria. Ce breuvage acidulé à l'arrière-goût douteux se laissait néanmoins absorber sans difficulté. J'étais saoule. Nous nous embrassâmes comme avant, en riant pour un rien.

– Tu dis que t'as déjà fait l'amour, et une pipe ? T'as déjà fait une pipe ?

Je n'éprouvai plus le besoin de mentir. Je répondis que non.

– Tu veux pas essayer ?

– Je verrai bien plus tard…

– Il faudra bien commencer un jour. Tu peux essayer, juste pour voir…

– J'ai la trouille…

– De quoi ?

– J'sais pas… Te faire mal…

– Mais non, je te dirai, je te guiderai.

Il bandait. Il sentait bon. L'alcool m'encourageait. Je devais savoir. Après je n'aurais plus peur. De toute façon, l'état amoureux ne pervertissait plus mes perceptions. Je savais désormais qu'Olivier était un garçon obsédé comme les autres. Un baiser. Ma langue. Attention à mes dents. Je ne l'aimais plus. Le prendre dans ma main. Bien le tenir. Voilà. Ne rien changer. Garder le mouvement et le rythme. Accélérer un peu. Ralentir. Comme un baiser. Arrêter. Il ne voulut pas éjaculer dans ma bouche. *Pas la première fois,* disait-il, *ça pourrait te dégoûter.* Pas dans les manteaux non plus, il était *chez son copain tout de même*. Il se retiendrait. Et puis non. Il ne pouvait pas. La saveur amère fut goûtée par ma bouche, et le reste de la substance s'épancha sur mon cou. Il m'essuya d'un mouchoir en papier tout en s'excusant. Je l'abandonnai. Un sentiment mêlé de honte et de fierté pénétra tout mon corps. Je devenais moins jeune. Cela se verrait-il sur ma figure ? Je me rendis aux toilettes, dans la salle de bains. Quatre types l'occupaient. Un dans la baignoire, un sur les chiottes, deux autres affalés de part et d'autre. Ils hurlaient en chœur : *What's my naaaaaaame, naaaaaaame*. Je m'assis sur le bidet et je les contemplai. Ils étaient laids. Ils tournaient. Je me levai. J'aperçus mon visage dans le miroir. Je ne me plaisais pas du tout. Cette révélation m'affligea. Une matière pourpre et fluide dégorgea du plus profond de mon ventre pour se répandre sur l'émail du lavabo. Les quatre affreux éructèrent leur écœurement tout en ricanant, puis ils reprirent leur chant. Les convulsions alimentaient mes vomissements, assortis à la sangria. Tout était violet.

DEUXIÈME PARTIE

Dans mon corps

Oh that goes in there. Then that goes in there.
Then that goes in there. Then that goes in there.
& then it's over.

Pulp, *This is hardcore*

Les jours se succédaient. Les transformations de mon corps devenaient moins violentes. Je percevais néanmoins les prémices d'un affaiblissement progressif de ses forces, et celles d'un amollissement de ses chairs. La peau était devenue plus souple. Le souffle s'épuisait rapidement. Les moments de frayeur de mes premières années d'existence s'étouffaient dans mon souvenir. Peu d'émotions venaient perturber le rythme lancinant de ce qui s'appelait ma vie. Je me voyais anesthésiée par une absence de troubles que je m'efforçais d'entretenir. Je n'avais plus jamais peur et je n'aimais personne. C'était comme si je dormais, sans en avoir conscience. Je disposais de plusieurs amants pour satisfaire les besoins de mon corps. La plupart me lassaient déjà après quelques semaines, ou après quelques jours. Alors je rompais. C'était toujours un moment de soulagement, comme si l'air s'épurait. Puis un autre me tentait, se laissait prendre et repartait. J'affirmais sans pudeur que seules les relations sexuelles m'attiraient. Mais à vrai dire, elles ne m'intéressaient même pas. C'était le moment d'après que je préférais, celui qui annonçait *c'est terminé*. L'instant post-paroxystique induisait une illusion de satiété et de satisfaction, éphémère, comme le reste, mais tangible pour un moment, juste avant que le besoin et les manques ne survinssent à nouveau. Puis tout recommençait.

Après avoir prétendu m'aimer, ils décrétaient qu'ils me haïssaient. Ils m'inventaient d'autres noms. Ma figure, mes boucles et mon sourire les trompaient, disaient-ils. Je n'avais pas l'air de ce que j'étais, et j'étais un monstre. Ils réclamaient.

C'était comme ça. Je savais me transformer afin de les attirer. Puis je me montrais sincère afin de les écœurer. J'aimais leur déplaire après avoir voulu leur plaire. Je me voyais maîtresse de leurs sentiments, faute de savoir supporter les miens. J'observais leurs énervements faire gonfler leurs veines. Et leurs organes rapetissaient. Je savais qu'ils seraient impuissants à me rendre aimable. Ils s'acharnaient tout de même, puis ils me sermonnaient, juste après m'avoir bousculée. C'était vain. Moi je leur avais avoué ce que j'attendais d'eux, depuis le début. Goûter un peu leur corps, et puis les oublier. Alors ils n'avaient rien à dire. Et le silence gagnait toujours. Nous avions partagé un moment furtif et transcendant – mais qui ne me transformait jamais, car nous retombions inévitablement dans une réalité odorante et muette. Je n'étais pas désespérée, je n'avais eu aucun espoir. Je me satisfaisais simplement d'un moment de réconfort pour mon ventre ; un moment sans conséquences, à part leurs plaintes. Je passais au suivant comme on change d'assiette. Je me réjouissais de les jeter après en avoir profité. Je me trouvais rassasiée pour quelque temps. Ils n'avaient pas su me plaire. Ils étaient coupables. J'adorais les ruptures. Je vivais comme un vampire. Mes jours étaient toujours recommencés. Ils se montraient longs comme l'éternité. Et les nuits m'imposaient une urgence récurrente, celle de me combler.

Pour avoir trop surveillé mon corps, je le perdis de vue. J'en avais exploré tous les usages. J'avais pénétré dans des sphères obscures où mon aveuglement passait inaperçu. Je me laissais faire. La vacance de mon organisme autorisait de nombreuses visites. Les hommes et les aliments profitaient de ses orifices pour s'immiscer dans ma vie. Les uns s'introduisaient, allaient, venaient ; puis ils le quittaient. Les autres s'avançaient plus profond. Ils m'imprégnaient ou bien je les rejetais. De la nécessité à l'envie, il y avait un pas que je ne franchissais jamais. La peur d'abord, puis d'autres troubles érigèrent mon indifférence en bouclier protecteur. Tant qu'il me fallait étudier et tester, je devais paraître vivante. Je feintais. J'avais tué toutes mes envies. Cette méprise malheureuse et incontournable me laissa sombrer plus profondément dans une tourbe étouffante. Jusqu'à ce que la violence d'un étrange sentiment parvienne à réveiller mes sens, pour quelques instants d'abord. Mon indifférence avait certes triomphé sur tous les effrois qui s'étaient manifestés à chacune des heures de ma vie, mais l'existence qu'elle m'imposait renfermait la fadeur d'un état morbide. Je pressentis enfin un moyen radical pour l'égorger net. Un moyen implacable. Il asphyxiait sans merci ma froideur et ma peur. Il retournait mon ventre et transformait le goût qui chauffait dans ma bouche. Grâce à lui, je devenais plus solide. Je ne me verrais plus accablée par d'autres sentiments mineurs : le dégoût les surpassait tous. Il bourdonnait près de mon oreille pour signifier qu'il y avait quelque chose là-bas, de l'autre côté, quelque chose qui vaudrait toute ma peine.

Je décidai d'emprunter le chemin épineux qui m'aiderait à quitter l'endormissement létal dans lequel j'étais plongée. Je m'orientai sur les bords de la tranquillité sordide dont je suivais le cours, sans me poser de questions. J'allais sortir de mon lit, agitée par je ne sais quel monstre : c'était celui qui m'avait fait plonger, le même. Il savait remuer mon cœur et le mettre hors de moi. Fomentateur de troubles, il rappelait mes sens à l'abordage. Je les retrouvais, tout déréglés. En voici le récit.

Ceux qui lisent mes pensées seront sans doute agacés par ma passivité et par les digressions du présent au passé, et de ma bouche à mon ventre. Qu'ils ne me blâment pas. Je tâche seulement de rendre ici ce que j'éprouvais.

1. *Les solitaires*

Je cherchais encore un autre homme dont je puisse me satisfaire. J'en rencontrai un qui attira ma curiosité. Après l'avoir considéré de premier abord comme un dragueur banal, je relevai dans son acharnement un empressement mystérieux et flatteur, auquel je décidai de céder sans me poser de questions. Il était différent de mes choix habituels. Plus âgé. Plus riche. Son élégance discrète présageait un souci du détail proche de la manie. Je me demandais qui il était, et de quelles façons il savait satisfaire ses besoins.

Ce soir-là, nous venions de faire l'amour pour la première fois. Nous nous connaissions à peine. Sur le chemin du retour, au moment de me reconduire, il s'attarda au milieu d'une allée bordée d'arbres et de lampadaires. Sous chaque poteau et sous chaque tronc, un homme se tenait debout. Sous la lumière électrique ou bien dans l'ombre : il y en avait partout. Leurs visages paraissaient graves, modelés par la lumière diffuse des réverbères. L'expression marmoréenne de leurs figures sérieuses ressemblait étrangement à celle des personnes qui mangent seules. Cette analogie me frappa. Puis il y avait dans l'air frais une atmosphère très lourde. Par moments, les joues des hommes tremblaient. Comme si le mouvement trop énergique de leurs mains se répercutait sur tout leur corps. D'autres étaient lents, mais ils accéléraient lorsque nous approchions avec la voiture. À l'instant où nous avons ralenti, ils se sont approchés. Deux puis trois d'entre eux se sont collés contre ma portière. Je distinguais mieux leurs visages de l'autre côté de la vitre. Ainsi que leurs poignets. Celui qui agissait de la main gauche portait une montre de plongée à fonctions multiples. Il fixait mes jambes. Je tirais sur ma jupe. Il persistait. Qu'est-ce que ça aurait changé ? De toute façon, ils se branlaient tous. J'ai demandé à Luc ce que c'était que ces types. Il a souri vaguement. Il m'observait en train de les regarder. Au milieu des silhouettes ithyphalliques, son charme réussissait aisément à s'imposer. Luc devenait plus beau, et réconfortant. J'étais à ses côtés. À l'abri. Dans la voiture qu'il conduisait. Physiquement apaisée par le moment que nous venions de partager. J'ai contemplé patiemment ces hommes, tous affairés à se secouer, ostensiblement, ensemble, chacun à son rythme, et sous mon nez. Je n'ai pas protesté. Aucune réaction n'a ébranlé ma passivité. Aucun sentiment non plus. Jusqu'à ce que des réminiscences s'imposent dans tout mon corps. Des souvenirs visuels et confus, avec leur cortège de sensations oppressantes m'ont rappelé que j'avais été vivante. Et que j'avais eu peur. Alors j'ai dit à Luc que j'en avais assez. Il m'a reconduite chez moi. Je me suis couchée seule et je me suis endormie. J'ai oublié mes rêves. Au matin, dans l'odeur purgative d'un café, d'autres souvenirs survinrent. Je me rappelai d'avoir été à table, avec les autres.

*

J'ai toujours vidé mon assiette. J'attaquais par petites bouchées, tranquillement. Le rythme scandé par la trotteuse des réveils de cuisine battait la mesure des mouvements de mes bras et de leurs instruments. Je découpais, j'enfourchais, je mâchais, j'avalais. Puis je recommençais. Le mécanisme déclenché par l'obligation de me nourrir occupait toute mon attention. Il avait priorité sur l'objet même de mes ingestions. Peu importait ce que j'ingurgitais. Je savais à l'avance que tout y passerait : il le fallait. Se lever le matin, faire sa toilette, s'habiller, obéir toujours, être polie, ne pas se disputer, ne pas se battre, *finir son assiette*. Je ne laissais rien, puis j'essuyais les traces de nourriture avec la mie du pain. Les adultes répétaient aux autres *finis ton assiette !* Ils grondaient. Leurs hurlements (poussés avec une stridence répétitive, larmoyante et implorante) polluaient la pièce et teintaient l'atmosphère d'une misère indicible, impalpable, qui excédait largement la seule question de la nourriture. Ils devenaient encore plus nerveux s'il restait trois petits pois. Ils insistaient *c'est pour ton bien. C'est pour que tu grandisses. Tu veux rester un enfant pour toute ta vie ? Non ! Alors avale…* Les gémissements et les plaintes pourrissaient chaque repas. Faute de pouvoir occlure les orifices auditifs par lesquels s'introduisaient leurs cris, je m'efforçais de boucher tant bien que mal les conduits buccal, œsophagien, intestinal et stomacal de mon organisme au moyen de leurs préparations culinaires. Je mangeais tout. Les grandes personnes ne me faisaient pas pleurer, comme ceux qui n'en pouvaient plus, geignant en mâchant, la gueule ouverte. Et les adultes en profitaient pour y introduire encore une bouchée de steak haché, et encore une. Ce qui déclenchait d'autres cris, puis d'autres larmes. La morve commençait à couler du nez de mes voisins énervés. Elle allait se mélanger à la viande dans leur bouche. Elle salait le morceau soumis au masticage. Alors pour calmer l'affaire, les grandes personnes balançaient un argument suprême. Plus calmement, tout d'un coup, ils disaient : *Pour me faire plaisir...*

Moi j'avais déjà tout avalé, le sanglant et le nerveux, même s'il y avait des bouts de gras, même si ça sentait mauvais, juste pour qu'ils se taisent. Je supportais une masse dans mon ventre, un poids lourd et inerte qui ne me soulagerait pas avant deux heures. Alors ils me donneraient un goûter sucré, moins déplaisant à ingurgiter, mais qui pèserait encore. J'aurais voulu m'endormir pendant ces moments-là, fermer les yeux, partir ailleurs. Je quittais ma chaise *j'peux sortir de table ?* assommée par une torpeur aliénante et récurrente, quatre fois par jour. Une torpeur qui égorgeait net le surgissement du moindre mouvement d'énergie, de vivacité et d'appétit. On me disait très calme. Ils pouvaient faire de moi ce qu'ils voulaient.

2. *Des approches*

Luc demande ma culotte avant de descendre de voiture. Il bloque les portières et tend son bras. Sur sa figure burinée par des tentatives de séduction maniérée, semblables à celles des plus mauvais acteurs dans les pires films à prétention érotique, je perçois un durcissement grave. Il répète encore *donne ta culotte…* Je la lui remets. Je suis tombée sur un spécimen d'érotomane. Je n'ai jamais pratiqué ce genre d'amants obsédés. Les jeux que j'ai partagés jusqu'ici ont rarement dépassé le stade d'un examen sommaire des réactions de nos corps. J'entrevois avec Luc l'ébauche d'une mise en condition psychologique que j'aurais trouvée ridicule il y a quelques années, mais que la lassitude routinière de mes aventures m'incite à explorer.

Il glisse le bout de tissu dans sa poche. Nous sortons. Je porte une robe légère. La douceur de l'atmosphère de cette fin d'après-midi atteint les parties de mon corps généralement protégées. Ce n'est pas désagréable, mais je suis mal à l'aise. Luc prend ma main et je le suis. Il stoppe devant une porte anonyme et sonne. Elle s'ouvre. Un gros barbu nous dévisage. Nous entrons. Un remugle malsain, sorte de nuage de parfum artificiel, envahit mes poumons sans prévenir. De ce fait, j'estime l'endroit peu accueillant. Mais mon appréhension est bousculée par la curiosité et l'empressement de Luc. Une femme blonde passe devant nous, vêtue d'une simple guêpière rouge et noir. Elle remarque que je l'observe et ne s'en trouve apparemment pas affectée. Au contraire. Elle me sourit. La chair de ses cuisses déborde d'un porte-jarretelles trop serré et inutile qu'elle promène tel un ornement d'orfèvrerie. Elle est très parfumée, environ quarante ans. Elle ressemble aux femmes que l'on peut rencontrer aux rayons cosmétiques des grands magasins. Une femme sûre d'elle, incollable sur les moyens de paraître toujours plus belle, déterminée et convaincante au point d'en faire oublier ses propres disgrâces. Luc tient toujours ma main. Il me tire vers le fond de la salle. Nous passons devant un bar. Trois hommes y sont installés. Ils mangent de la charcuterie du bout des doigts. De la mortadelle, du jambon et du cervelas étalent leur rose luisant sur un plateau d'inox. Les bonshommes nous scrutent de haut en bas, sans gêne. Une musique de leur âge peaufine l'atmosphère *oui, c'est moi, Jérôme, non je n'ai pas changé, je suis toujours celui qui t'a aimée*. Plusieurs types sont attroupés un peu plus loin. Luc me pousse vers eux. Il agrippe ma taille. Les hommes s'écartent. Nous nous retrouvons au bord d'une estrade. Une décolorée vient de se faire prendre par un gros qui remonte son pantalon gris. Ils se sont manifestement exhibés sur le matelas de l'estrade. Elle est encore à quatre pattes, souriante. Elle resserre ses jambes et se dresse pour se tenir à genoux. Elle est fine et musclée. *Beau bronzage*, commente quelqu'un.

Je réalise que les scènes de copulation auxquelles j'ai déjà assisté n'ont jamais traversé l'écran télévisé qui les diffusait. En dehors de quelques films pornographiques, dont j'ai mis longtemps à reconnaître le caractère efficace, je n'avais jamais eu l'occasion d'assister en personne à ce type de rencontres humaines et spécifiques. Je me retrouve, en ce moment présent, spectatrice de quelques scènes de la vie sexuelle de mes congénères. Peu farouches, évidemment, puisque cet endroit se révèle étudié pour satisfaire ces pratiques. Je me sens honteuse. Non seulement d'assister à l'une de leurs réunions, mais aussi d'avoir été ignorante de l'existence de ces rites, et vierge de leur spectacle. Je suis curieuse de les observer comme je l'étais, enfant, de découvrir les images de documentaires relatifs à la reproduction des chevaux, des baleines ou des insectes. Je me sens peu concernée par l'émergence, puis la détumescence de leur désir. Le mien n'est même pas sollicité par la vision de leurs nudités. Au contraire. Je lutte contre une légère répulsion, afin d'assouvir ma curiosité et de dissimuler ma consternation. Je ne pense même pas à profiter de la situation afin d'appréhender plus sérieusement la façon dont les autres s'accommodent des contraintes sexuelles que leurs corps leur imposent. Mon attention ne réfléchit pas. Je suis spectatrice.

Un autre homme arrive sur le matelas. Il porte un caleçon à motifs imprimés de petits crocodiles multicolores. La femme lui sourit, puis elle touche sans détour l'organe de l'homme. Elle le sort du caleçon pour l'aider à durcir. Autour de moi, la plupart des types se touchent. Luc me serre contre son ventre. Il m'emmène sur le côté. Un jeune, moins repoussant que les autres, se plante face à moi et me fixe. Je baisse les yeux. Ils tombent à hauteur de sa braguette. Sa queue est grosse. Il la tient dans ses doigts. Gêné, mon regard remonte sur sa cravate. Elle est imprimée de taches de couleurs vives et monstrueuses. Il continue de se masturber lentement. Je vérifie d'un coup d'œil : il me fixe toujours. Je transpire. Mes mains sont moites. Je les essuie vainement sur le tissu de ma robe. Des hommes s'approchent encore, très près. Ils me frôlent. Luc s'agite *repousse-les.* J'écarte le type à la grosse queue. Juste pour qu'il comprenne. Je lève à peine la main. Il fait un pas en arrière. *Repousse l'autre, sur ta droite.* Il porte des lunettes sur sa figure de prof. Les basques de sa chemise à carreaux froissée sont mal rentrées dans son pantalon de toile. Je fais un geste du bras. Le type rouspète en souriant *eh ! j'fais rien !* Il prend son ami à témoin, un autre gros dégarni au crâne luisant. L'ami rigole. Puis il lève ses mains pour faire voir que sa braguette n'est pas ouverte, comme si c'était la preuve d'une innocence respectable.

Sur le matelas, la blonde se fait maintenant enfiler par un Noir sous l'œil de ses fidèles spectateurs. Leur enthousiasme se manifeste visiblement, à hauteur de ceinture, par le mouvement manuel qu'ils exercent sur ce qui les démange. Le type qui avait pris la jeune femme auparavant est resté en chemise, cul nu. Il a gardé ses chaussettes en fil d'Écosse. Il récupère le pantalon de son costume gris en demandant pardon aux bonshommes qui marchent dessus. Il paraît plus riche que les autres. Il détonne. La foule s'apparente à celle qu'on peut rencontrer dans le métro, vers six heures du soir. Sauf qu'il n'y a que des hommes, débraillés. Nous bougeons. Luc m'entraîne au sous-sol. Des mains tentent de glisser sous ma robe. Je renvoie à leurs propriétaires un regard condescendant. Ils n'insistent pas.

Dans l'escalier : embouteillage sur les marches avec une grosse brune aux cheveux frisés, arborant string et balconnets rouges. Elle se colle en passant et nous impose son odeur de transpiration mêlée à un déodorant spray *Vie active* ou autre *Fraîcheur sèche*. Nous sommes au sous-sol. Derrière un épais rideau de velours, plusieurs hommes sont assis. Leurs braguettes sont fermées, aucun membre n'émerge. Ils attendent. Il n'y a pas d'autre femme que moi. Des types arrivent encore. Je m'assieds près de Luc. Face à nous, un homme fixe mes yeux. Sur les côtés aussi. Ils me regardent tous. Je ne me sens pas très bien. Je tente de me persuader que je ne suis pas devant la télé. Manifestement, ils attendent tous *quelque chose* de moi. Leurs regards sont implorants. Et je ne peux pas changer de chaîne. Je ne bouge pas. Je regarde mes pieds. Rien ne se passe. Nous remontons. La salle du bar s'est vidée. Les chansons s'enchaînent *laisse les gondoles à Venise, le soleil sur la Tamise, on est si bien.* Luc m'entraîne dans le coin matelas. Il n'y a plus personne. Il tire un rideau bleu marine. C'est un rideau à trous. Des trous brodés de fil scintillant. Luc m'attrape et m'enlace le moins naturellement du monde. Il ne bande pas. À travers les trous du rideau, des yeux clignotent. Ceux d'en bas sont là. Quelqu'un passe le rideau, il s'approche. Il a sorti sa bite. C'est le Noir de tout à l'heure. Il s'astique devant nous. Il observe sa main, puis ma figure, puis sa main. C'est comme s'il me parlait *regarde, ma chérie, regarde dans quel état je me trouve. Regarde tout ce que je peux t'offrir...* Je ne le trouve pas obscène. Je voudrais entrer dans son jeu, comprendre son état. Luc n'aime pas ça. Il me tire par la main. Nous repassons le rideau *vous partez déjà ?* Je bouge la tête pour dire oui, *au revoir.*

La fille du bar plaisante avec celui qui semble être le patron. Luc leur parle. Je me tiens à l'écart. Je ne pense pas à observer s'il doit payer quelque chose. Ce type de transactions conserve ici son caractère privé. Je repère un panneau sur lequel est inscrit *les lundis, mercredis et jeudis : soirées triolisme.* Je ne connais pas ce mot. Nous sommes jeudi. Nous sortons. Luc me reconduit chez moi. Il me parle d'échangisme, de couples, et d'hommes seuls qui doivent payer plus cher. Je dis que non, je ne suis pas choquée. Il m'apprend qu'il existe toutes sortes de lieux comme celui-là. À tous les prix et de plusieurs genres. Plus le club est sélect, plus les femmes sont nombreuses. Il me raconte qu'il connaît mal ce type d'endroits, mais que quelqu'un lui en a parlé. Il me promet qu'il n'est pas un habitué (comme si je le lui reprochais). Je dis que ça m'intéresse. Il dit que je peux avoir confiance en lui. Il dit qu'il m'aime, tout en souriant niaisement. Je ne le crois pas du tout. Il me dégoûte et je ne sais pas pourquoi. Nous sommes toujours étrangers l'un à l'autre. Nous nous connaissons à peine physiquement, et nous ne savons rien de nos vies. Il me rend ma culotte. On se dit au revoir.

Je monte l'escalier. Dans mon appartement j'allume la télé. Mes vêtements sont imprégnés de l'odeur factice du lieu. Mes cheveux aussi. Je veux me laver. Je change de chaîne. Je tombe sur un film. Deux filles dialoguent d'une voix aiguë. Elles parlent de l'amour. Je suis intriguée. Je prends une douche. Je me couche. Je me rappelle les gros qui triquaient, dans leur costume froissé, le froc à mi-genoux. Je revois leurs culs serrés, à la lisière de leurs chemises en polyester. Leurs cravates imprimées de couleurs flashantes. Je me souviens des parfums artificiels, mélangés aux odeurs naturelles. Je pense à ne pas respirer. Le souvenir m'écœure et m'intrigue. Je voudrais savoir qui va là. Il n'y avait que des hommes, une foule d'hommes amassés. Je tente de m'endormir.

*

Je me souviens que j'avais peur des gens dans la rue. Je ne les connaissais pas. Il y avait ceux qui me souriaient.

– C'est parce que t'es mignonne

– Pourquoi ça les fait rire ?

Je pensais qu'il y avait autre chose, une moquerie ou un vice. Les gentillesses prétendues gratuites réveillaient ma méfiance, attisée en outre par les discours contradictoires des adultes. On m'affirmait que ceux qui me souriaient étaient gentils, puis on s'accroupissait solennellement à ma hauteur, on agitait l'index en me regardant droit dans les yeux, et on sermonnait :

– Mais il ne faut pas les suivre. Il ne faut pas aller avec eux… Tu m'entends ?… Même s'ils te proposent des bonbons… Il ne faut pas leur parler.

Les inconnus s'approchaient de moi. Ils me disaient que j'étais *mignonne*. Ils prononçaient le « gnonne » en une exhalation qui me laissait respirer leur souffle d'adultes. Leurs bouches remuaient juste en face de mon nez. Ils essayaient de toucher ma joue, mon menton, ma chevelure. Je me concentrais pour ne pas leur parler. Ils insistaient *t'en as de beaux cheveux ! Elle doit être contente ta maman d'avoir une belle petite comme toi, hein, ma poulette ? Hein ? Dis-moi…* Je ne bronchais pas.

Dans cette rue, on trouvait la crémerie, la boulangerie, la fleuriste, le boucher. Tous les lapins s'étaient fait écorcher. Ils se balançaient, suspendus à un crochet, à la devanture. À côté d'eux, on trouvait des bouquets de fleurs de toutes les couleurs dans des seaux en plastique et un clochard qui demandait des pièces. Il me souriait aussi. Je regardais la cervelle dans les barquettes de carton aux bords ciselés, bien nets ; le sang par terre qui se mélangeait à la sciure ; la machine qui transformait les morceaux de viande en vers de terre tout rouges *c'est pour faire les steaks hachés, ma chérie* ; la tête du veau *mais oui, le boucher est gentil* ; tous les poulets, les petites cailles : on aurait dit qu'ils dormaient quand on regardait leurs têtes, tranquilles.

Maman demanda des côtelettes. Il saisit son couteau géant. Il arbora son gros ventre, couvert d'un tablier maculé de sang. J'eus une pensée pour le Petit Poucet. Puis l'ogre vit que je le regardais. Il brandit son instrument et grommela :

– Tu suces encore ton pouce à ton âge ?

Je ne répondis pas. Maman dit oui en tapotant ma tête.

– T'es trop grande pour sucer ton pouce. Faut arrêter ça, voyons !

– On a tout essayé, dit ma mère, même le vernis amer. Elle suce tout de même.

– Tu sais ce qu'on fait aux grandes filles qui sucent leur pouce ?

Je bougeai la tête pour dire non, tout en évitant de le regarder.

– On leur coupe, c'est tout. Comme ça c'est réglé ! Et vlan ! Ah ah !

Il rigola un bon coup en rangeant son grand couteau auprès de la demi-douzaine d'autres outils aux lames rutilantes et aux manches épais. Maman trouvait ça drôle. Elle sortit son porte-monnaie pour la femme du boucher qui attendait derrière sa tribune, les pieds dans la sciure, au milieu des cadavres d'animaux. Lorsque nous sortîmes de l'échoppe, elle me répondit d'une voix agacée *mais non il n'allait pas couper ton pouce. C'était pour rire…*

Dans le dictionnaire ils avaient écrit : « *Mignon, onne* : de *minet* “chat”. 1. Qui, dans son apparence menue, a de la grâce et de l'agrément. 2. *Filet mignon* : coupé dans la pointe du filet. » Je n'aimais pas la viande, mais je la mangeais pour faire comme tout le monde. Je n'aurais pas survécu en imposant ma différence et mes goûts propres. Je redoutais leurs cris. J'étais lâche et peureuse. Je me punissais de cette tare en relevant le défi de tout avaler.

3. *Pour mon bien*

Frédéric au téléphone. Il drague. C'est toujours flatteur, mais ça sonne faux. Il tente de décrire ses sentiments. Il voudrait que je le comprenne. Il croit que j'y parviens. Il me prend pour une autre. Il me connaît trop mal. Il s'est laissé piéger par ma bonne mine. Il est lourd. Je prends les devants pour le provoquer. Il m'ennuie trop. Je le coupe :

– C'est surtout le sexe qui m'intéresse…

– Bien sûr… Mais le sexe sans sentiments égale une bonne branlette.

– Pas forcément…

– Alors pourquoi tu passes pas la nuit avec moi ?

– Parce que je ne vois pas ce que je pourrais en tirer.

Il insiste encore. Son cynisme se révèle. Il ne triche plus. Il n'essaie plus de m'embobiner avec des compliments. Il insinue que je devrais tester une relation sans sentiments et sans attirance physique. Le degré zéro de la rencontre. Il argumente que ce serait *pour lui faire plaisir* et que cette idée seule devrait déjà me réjouir. Il ajoute que je servirais au moins à quelque chose sur la terre : à son plaisir – même s'il est éphémère, ce serait un honneur pour moi, etc. (revirement classique dans le discours du dragueur banal qui, devant l'échec de sa première attitude courtoise et respectueuse, tente un propos inverse et se présente lui-même en marchandise de valeur).

– Et moi ?

– Tu seras heureuse de m'avoir plu… C'est pour ton bien, ce que je te propose…

Je lui explique patiemment que je n'en suis pas convaincue, qu'il faut que j'y trouve mon compte, que je ne fais pas la charité. Il me propose de l'argent. Voilà qui semble plus convenable. Nous négocions un tarif honorable. Un bon prix, même. Ce qui tomberait bien pour renflouer mes fonds. J'insiste pour le convaincre des avantages de la transaction. C'est peut-être un peu cher (trois fois le prix d'une pute standard pour une éjaculation ; le double pour la nuit), mais ça vaut le coup. Je me déplace à domicile. Je porterai les vêtements qu'il voudra. Je partirai quand il l'exigera. Je pose quelques conditions afin de marquer une limite : interdiction de me faire mal, et d'inviter d'autres personnes. Il réfléchit. Il ne marchande pas.

– C'est bon, ça m'intéresse. Mais je pose aussi une condition : tu n'as pas le droit d'y prendre du plaisir.

Je lui réponds que ce sera comme il le souhaite. En moi-même, je sais d'avance que je ne risque pas de trahir cette promesse. Il me déplaît.

– Si tu me payes, tu décides…

– Nous sommes d'accord… Alors j'attends, amène-toi…

– Maintenant ?

– Tu veux ton chèque, oui ou non ?

Il me donne son adresse, son code, son étage. Il est bientôt minuit. Je prends une douche, je me parfume, je mets des bas. J'appelle un taxi. Cette transaction me paraît idéale en théorie. Reste à tester les impressions de mes sens. Vais-je supporter ses attouchements et le spectacle de son désir ? J'appréhende la situation comme un défi lancé à moi-même. Je solliciterai mon indifférence en cas de répulsion violente. Je passerai mon corps en pilotage automatique si l'affaire devait durer trop longtemps. Je me dégagerai de mon enveloppe physique afin d'apprécier plus objectivement l'expérience que je lui impose. Tout sentiment négatif viendrait en renfort de ma haine et de ma répulsion. Mon mépris retrouvera son objet préféré : l'homme qui entend profiter de mon corps sans considération de mes sens. Ce sera comme lorsque je me forçais à tout manger, et que j'y parvenais – sauf qu'il ne m'était d'aucun secours de mépriser les aliments. Je le rendrai malade d'avoir profité de moi. Ma passivité et mon indifférence l'effraieront. Je rêve de l'écœurer. Serais-je la seule sur terre à savourer l'émergence de ma haine ? J'y puise une énergie nouvelle. Ma détermination excite mon amertume. Il ne s'agit même pas de me venger de quoi que ce soit. C'est la satisfaction d'avoir trouvé un objet qui m'apaise, un objet pour ma peine.

J'arrive chez lui. Je sonne. Il ouvre. Il est déjà tout nu. On ne perd pas de temps. C'est aussi bien. Je lui parle des pros qui encaissent avant le travail. Il me montre une enveloppe sur la table. Un chèque à mon nom se trouve à l'intérieur. J'apprécie. Il ne veut pas que je le mette dans mon sac tout de suite. Je n'aime pas cette méfiance. Peu importe. Je dois accomplir ma mission. Je lui demande :

– Alors, qu'est-ce qui te ferait plaisir ?

Il me répond de me taire. C'est lui qui paye, c'est lui qui commande. Il s'assied et il me regarde. Il ouvre mon chemisier, je n'ai rien en dessous.

– La prochaine fois tu mettras un soutien-gorge, je préfère.

Le ton est sévère. Il soulève ma jupe. Je porte des bas, sans culotte.

– Ça c'est très bien, ça fait pute. T'as pas de porte-jarretelles ?

– C'est des bas qui tiennent tout seuls. T'aimes pas ?

– Les porte-jarretelles, c'est pas mal. Ça fait tout de suite plus salope… Tourne-toi.

Il me tripote un peu, puis il me demande de m'allonger près de lui, et de le toucher. Je ne sens rien. Je ne suis même pas dégoûtée. Je m'occupe de lui en pensant à ce que j'achèterai demain. Puis je me frotte un peu contre sa jambe, machinalement. Il la retire brusquement.

– T'as pas le droit !

L'interdiction révèle une envie stridente : un désir de satisfaction immédiate et égoïste, dérobée à la sauvette, en dépit de l'absence réelle d'attirance envers l'homme que je touche. C'est même l'absence de désir qui allume ce réflexe – comme on peut se faire jouir en pensant à autre chose. Nonobstant, j'achève mon travail sans m'abandonner : il éjacule. Je ne regarde pas. Son corps ne m'intéresse pas. Nous n'avons rien à faire ensemble. Aucune affinité sensuelle ne nous rapproche. Je pense encore à l'argent. Il me demande de partir. Il s'excuse : il veut dormir. Je me sens légèrement frustrée. Je ne suis même pas écœurée.

– Pas de problème. À la prochaine. C'est quand tu veux, tu n'hésites pas.

Il appelle un taxi. Il me donne mon enveloppe. Je sors. Bien payée pour une demi-heure… Finalement je suis contente. Il dit que lui aussi.

Chez moi je me lave. Je me couche. Je dors très bien.

*

Les personnes qui me servaient me voulaient du mal. Je percevais dans leurs sourires *t'en veux encore un peu ?* une méchanceté dissimulée, une intention sadique de me mettre à l'épreuve. Leur regard tentait de pénétrer au plus profond de mon corps. Je décodais leurs arrière-pensées *je sais bien que la soupe de légumes moulinée avec des fils de poireaux qui se coincent entre les dents te débecte, c'est sûr, mais on fait tous semblant ici, on fait tous semblant d'aimer ça, et on la mange en disant que c'est bon, que c'est plein de vitamines… Et comme nous tu feras du bruit pour aspirer ta soupe et la faire circuler de ta cuiller en inox bosselé jusque dans ta bouche aux dents plombées parce que tu manges trop de bonbons*. Le liquide à consistance grumeleuse débordait de la louche par-dessous leurs yeux torves *amène ton assiette*. Du vomi tiède, voilà ce que j'allais manger. J'avalais tout. Mon nez dégoulinait, morveux. Puis je me mouchais.

4. *Bien ficelées*

Je me retrouve dans le métro. Il est tôt. Tout le monde se déplace vers son travail, les yeux brillants, avec un journal, un petit sac à main ou une grosse serviette. Un besoin de café serre mon estomac. La lumière des néons tombe sur les orbites maquillées ou fatiguées de mes compagnons de voyage. Je compare différentes sortes de cernes ; les violettes qui traversent le fond de teint et la poudre, les grises qui entourent entièrement l'œil (même la paupière supérieure), les valises boursouflées et rosâtres, pendouillantes ou bien tendues. Puis je repère un strapontin. Il n'y a pas trop de monde. Je m'assieds. J'essaie d'attraper des histoires intéressantes dans le journal. Je n'en trouve pas. Je ne suis pas concentrée. J'ai sommeil. Mon regard se sauve, se pose n'importe où, et se fixe là, sur la robe à fleurs de la grosse dame, en face. D'énormes pétales noirs sont imprimés sur un tissu rouge. Un ruban fin et assorti est serré, en guise de ceinture, tout autour de sa taille boudinée. Son ventre est bedonnant. Elle se tient debout, juste devant moi. Elle porte son sac les bras tendus, les deux mains jointes sur la poignée. Elle tourne nerveusement ses pouces. Sa figure est boursouflée. Ses cheveux sont bouclés en mise en plis et retenus par un serre-tête rouge. Du vert couvre ses paupières, et de lourds nuages de poudre brune creusent ses joues rondes. Elle voudrait sans doute paraître bronzée, avoir bonne mine, en dépit de ses activités urbaines, souterraines et sédentaires. Un sourire étrange est fixé sur sa figure. Ses yeux vont quelque part, loin. Je regarde alentour. Je suis la seule à l'observer. Ma vue se plante à hauteur de ses mains et de ses pouces qui tournent très vite, très très vite. Je respire mal. Que fait-elle donc ? Le tissu de sa robe bouge avec le frottement. Ses pouces ne tournent pas rond. Ils frôlent son ventre, toujours au même endroit, l'un après l'autre. Ils ne frôlent pas. Ils touchent et ils touchent, en bas de son ventre, tout en bas. Sa robe bouge. Est-ce qu'elle va jouir ? Elle me voit, elle me sourit. Je ne détourne pas les yeux. Je demeure figée, étonnée. Puis je reprends mon journal. Je me cache derrière ses pages, à l'abri du spectacle. Les corps des autres sont partout autour de moi, avec leurs désirs et leurs plaisirs, de l'autre côté des pages. Je m'arrête aux faits divers. Un adolescent a tué toute sa famille au cours du repas dominical.

*

Les dimanches, c'était poulet rôti. On allait chez ma grand-mère et mon grand-père. On prenait la voiture qui donnait envie de vomir, puis on arrivait dans la ville des vieux. On se garait dans leur petit jardin, puis on entrait dans la maison. La même odeur spécifique nous accueillait avec fidélité. Les femmes commençaient à discuter sans s'arrêter. Elles parlaient des autres et disaient *tu te rends compte !* en tapant sur leurs cuisses. Il fallait attendre de se mettre à table, puis il fallait attendre les entrées, le poulet, le fromage, le dessert. Après je pourrais faire ce que je voudrais. Mon grand-père restait assis près de moi. Il parlait rarement. Il me servait un peu de vin rouge, puis il arrosait d'eau. Les femmes s'exclamaient :

– Tu es fou ! Elle a six ans !

Il répondait :

– C'est pour l'habituer au goût du vin. Comme ça elle pourra boire quand elle sera grande. Elle ne sera jamais malade !

Elles ripostaient :

– Mais enfin, c'est une fille !

– Et alors c'est une fille !

Elles se taisaient et bougeaient la tête comme pour faire *non non non*.

Il valait mieux ne pas contrarier mon grand-père. Il pouvait piquer une colère et casser encore de la vaisselle. Dans mon verre à moutarde décoré d'un Obélix hilare, on aurait dit de la grenadine. Il me regardait boire, puis il faisait un clin d'œil. Le goût n'était pas terrible, mais je préférais qu'il soit content. Je lui souriais.

Ce dimanche-là, j'attaquais péniblement mes carottes râpées quand ma grand-mère annonça qu'il y avait une surprise. Un moment d'espoir bref et intense suscita mon attention. Une surprise : des cadeaux, des jouets, un chien, des vacances, la mer, des tours de manège, des déguisements, un gâteau géant, elle a acheté un cheval ? Je levai la tête et j'attendis qu'elle s'explique.

– Aujourd'hui j'en avais assez du poulet, je vous ai fait des petits oiseaux sans tête !

Elle se leva et disparut dans la cuisine. Ma mère ouvrit la bouche et fit *aaah !* La mère de ma mère réapparut, brandissant au moyen de son gant d'amiante imprimé de grosses fleurs un plat qui contenait des petits trucs ronds et ficelés. Ils baignaient dans l'huile brûlante. Elle répétait :

– Voilà les petits oiseaux sans tête, les petits oiseaux sans tête !

J'ai demandé à ma mère :

– On va manger des oiseaux ?

– C'est des paupiettes de veau... Ça ressemble à des oiseaux. Tu vas goûter. C'est très bon.

Les trucs oblongs, ficelés, bardés de gras, ne me faisaient penser à aucun oiseau que je connaissais. Sans tête, sans ailes, sans bec et sans pattes ? Où se trouvait donc le point commun avec les oiseaux ? Des ventres d'oiseaux, peut-être ? Encore un nouveau truc qui se mange ! Des paupiettes, encore un nouveau nom ! Du veau, en plus (qui n'est pas un oiseau) ! Je n'y comprenais rien, et ce n'était pas si drôle, en réalité : il allait falloir les ingurgiter.

Je repensais à l'histoire du photographe de l'école qui nous forçait à sourire, qui racontait n'importe quoi, qui disait qu'un petit oiseau allait sortir ; et pendant ce temps-là, pendant que nous attendions l'oiseau, il nous balançait un grand flash dans les yeux puis il disait, en arrêtant de sourire :

– Voilà c'est fini, vous pouvez vous disperser.

On lui demandait :

– Et l'oiseau alors ?

– Comment ? Vous ne l'avez pas vu ? Faudra attendre l'année prochaine maintenant !

Ma mère défit la ficelle avec son couteau. Elle trancha dans la chair et planta la fourchette dans ma bouche. Je ne pensais plus. Je m'absentais. Je ferais comme mon grand-père. Je ne dirais plus rien. Je dormirais tout le temps. Je ferais tout ce que je veux dans ma tête. Ici, je n'avais envie de rien.

5. *Les jets*

Je me retrouve dans la voiture de Luc. Dans un parking. Sa main s'agite sous ma jupe depuis quelques instants. Il m'embrasse aussi. Il baisse mon collant et en retire une jambe *tu viens ?* Je dis non. Je dis que je voudrais le regarder éjaculer. Le surgissement du jet séminal m'intéresse au plus haut point. L'observation de cette sécrétion tellement évidente et franche, indice de leurs plaisirs les plus intenses, me trouble parfois davantage que leurs attouchements. Par le dégoût ou par l'envie, voici l'un des rares spectacles qui parviennent à réveiller mon attention. Luc ne m'écoute pas. Il baisse son siège, enfile une capote et me fait asseoir sur lui. Il me pénètre d'un coup. Nous entendons des bruits. Un groupe de personnes arrive vers nous. Luc se retire. Je me rassieds sur mon siège. Je baisse ma jupe et je ferme mon manteau. Une jambe blanche et une jambe noire dépassent de chaque pan. Nous empruntons des attitudes apparemment *normales.* Luc conserve cette expression étrange, grave ou sérieuse, cette figure qu'il affiche lorsqu'il est obsédé. Il allume la radio *y avait du soleil sur son front, qui mettait dans ses cheveux blonds tant de lumière*. Les autres passés, il revient à moi. Il est mou *ça m'a fait débander leur connerie !* Il se reprend vite et me pénètre encore. Il jouit. Il éjacule en répétant *c'est bon de se donner, c'est bon de se donner.* Je jouis tout de suite après, mécaniquement. Puis je me rassieds sur mon siège. Je baisse ma jupe et je remets mon collant. Alors il prend ma main. Il me regarde tendrement. Je me sens mal. Son sourire m'agace. Je veux rentrer chez moi. J'invente un rendez-vous. Je ne comprends pas ce qui m'arrive. Luc me déplaît mais il m'attire. Je ne le respecte pas, pourtant il m'impressionne. Suis-je seulement victime de ses flatteries ? Ou bien admirative de la désinvolture avec laquelle il sait m'entraîner pour satisfaire son corps ?

*

On me demandait si j'avais faim, je ne savais pas comment répondre. Mon appétit n'avait pas souvent le temps de se manifester. J'étais gavée toutes les quatre heures. Je me demandais ce que ça faisait quand on a faim. Dans les dessins animés, le loup famélique imaginait un mouton embroché, rôtissant au-dessus d'un feu. Il tirait la langue et lubrifiait largement les lèvres de sa gueule. Il bavait. Il passait la patte sur son estomac pour le caresser.

L'expression *mon ventre crie famine* m'avait interloquée. Les ventriloques faisaient parler leur ventre. Le mien restait muet. Il ne me disait rien.

Certains adultes s'exclamaient *je suis mort de faim* en frottant leurs deux mains, devant un plat fumant. Je ne comprenais pas. Je pensais que je n'avais jamais faim. Mon ventre ne criait pas. Aucun besoin ne le tiraillait, sinon celui de le purger, quand la peur devenait trop pressante. Pourtant, il m'arrivait d'avoir envie de manger. C'était devant les produits qui ressemblaient le moins à la nourriture, les bonbons roses ou vert fluo, la barbe à papa, les petits nounours multicolores, les gros en chocolat, les coquillages à sucer de tous les parfums, les fraises en sucre, les boules de coco, les rouleaux de réglisse. Quand on passait devant le marchand, je disais *tiens j'ai faim…* Mais ça ne servait à rien. Personne ne voulait m'en acheter *c'est du sucre ! Et tes dents ? C'est pas ça qui va te nourrir.* Devant les distributeurs de soda en gobelets, ils résistaient moins. *Tiens j'ai soif…* Ils me filaient un franc. Je choisissais le breuvage à la couleur la plus flashante, ou alors assortie à ma robe. J'introduisais la pièce. Je l'écoutais tomber. J'appuyais sur le bouton de mon choix. Je regrettais mon choix. Je me disais que la prochaine fois j'appuierais sur le vert. Le gobelet blanc surgissait et la machine pissait le liquide à bulles. J'attendais la dernière goutte en passant ma tête par en dessous. On me demandait *tu te dépêches ?* Je retirais mon verre et je le portais gravement à ma bouche, en savourant chacune des gorgées, jusqu'à la dernière, qui ne me rassasiait jamais. Je n'étais pas comme eux. C'était évident.

6. *Les limaces*

Je vais faire des courses au supermarché. Je pense à ne rien oublier. Je me concentre sur ce dont j'ai besoin. Un homme arrive rapidement vers moi. Il traverse la rue à toute vitesse.

– Mademoiselle ?

– ?

– Tenez ! On m'a donné ça pour vous…

– Quoi ? Qui ?

– La personne, là-bas ! Elle a dit qu'il fallait que vous regardiez ça.

Le bonhomme transpire, il est essoufflé. Je ne réfléchis pas, je saisis machinalement le paquet de photographies en couleurs. Je contemple : une pénétration homme-femme en gros plan ; une femme très maquillée qui écarte ses cuisses et tire la langue ; un plan serré sur la bouche luisante d'une fille qui s'approche d'une bite en érection ; une flaque de sperme sur les poils pubiens d'une femme ; trois hommes qui se masturbent debout, au-dessus d'une fille à quatre pattes, la croupe offerte ; une queue dressée qui déborde d'un slip léopard ; une jeune femme rouge et bronzée qui rigole en écartant sa vulve aux lèvres glabres avec ses doigts vernis de violet pailleté ; une espèce de limace qui s'introduit dans une fente rasée ; la pénétration de tout à l'heure. Voilà j'ai tout regardé. Je lui rends ses photos.

– Qu'en pensez-vous, mademoiselle ?

– Je n'ai pas d'argent…

Je file. Je me dépêche. Que voulait-il ? Arrivée au bout de la rue, je me retourne pour voir s'il est toujours là. Une fille blonde regarde les photos à son tour. Elle l'envoie balader, puis elle s'enfuit en trottinant.

*

Cet été-là, on m'avait placée dans une famille, à la montagne. Ce n'était pas une colonie, nous étions six enfants comme moi, en vacances ; trois filles, trois garçons. Nous avions fait connaissance depuis quelques jours. Les adultes nous préparaient une drôle de cuisine. Ils ne mangeaient pas avec nous.

Un matin, nous avions été punis pour être allés dans un endroit interdit. C'était le grenier de leur grange. Il y avait de la paille et des trous dans le sol. C'est pour cette raison que nous n'avions pas le droit d'y pénétrer. Ils nous avaient bien expliqué que si nous tombions du grenier, par l'un des trous énormes dissimulés sous la paille, nos petits corps s'empaleraient sur la moissonneuse-batteuse rouillée qui était garée juste en dessous. Nous mourrions, forcément, même si nous étions vaccinés contre le tétanos. Nous rigolions. Mon cœur battait. Il n'y avait rien d'intéressant ici, sinon l'interdiction. Le fils de la fermière nous a vus sortir. Il l'a raconté. Ils ont fouetté nos jambes nues avec des branches d'orties. Pour bien nous faire comprendre qu'il fallait obéir. C'était la punition. À midi, la bonne femme nous a apporté nos assiettes. Dedans, il y avait de drôles de petits machins marron. On s'est tous demandé ce que c'était. Personne ne voulait goûter.

J'en ai posé un sur ma langue en fermant les yeux. Je l'ai avalé sans mâcher. Je me suis concentrée pour envoyer balader toute sensation de goût, de saveur ou de consistance. Puis j'ai pris le second, sur le même rythme, et le troisième, jusqu'à ce qu'il n'y ait plus rien. J'ai pensé aux espions qui avalaient du papier pour qu'on ne lise pas leurs secrets. J'ai pensé aux animaux qui bouffaient leurs excréments. J'ai pensé aux vide-ordures. Et tout avait disparu de mon assiette.

Ma voisine de table chialait en me suppliant de lui bouffer ses trucs. Elle disait qu'elle ne voulait pas se faire encore fouetter. Elle exhibait les cloques blanches qui boursouflaient ses mollets roses. Elle attrapait mon bras et promettait des tas d'idioties : faire mon lit, me servir toute la journée, écrire mes lettres… Et puis quoi d'autre ? Je me suis dégagée et je me suis dirigée vers la salle des adultes. J'ai passé la tête par l'ouverture de la porte. Ils riaient. Ils entassaient des coquilles d'escargots.

Ils m'ont aperçue. Ils m'ont demandé ce que je faisais là. J'ai forcé un sourire et j'ai demandé :

– C'est des limaces ?

Ils ont rigolé encore plus.

7. *La chair*

Nous nous retrouvons devant un immeuble bourgeois du neuvième arrondissement. Nous passons sous le porche. Luc sonne à la porte du rez-de-chaussée. Je ne dois pas traîner, je vais dîner chez des gens tout à l'heure. Un quinquagénaire nous ouvre, tout sourire. Il me dévisage et nous laisse entrer. L'endroit est coquet et peu meublé, d'un goût féminin *a priori* (tentures à motifs roses, lampes fantaisistes et colorées, et autres petits pots de fleurs). Une bouteille de bon champagne trône sur la table basse, auprès de quatre flûtes à motifs roses. Voilà qui me donne un peu d'entrain. Je souris au bonhomme.

– Caroline est dans la salle de bains. Elle arrive. Elle se fait belle pour vous.

– Nous n'avons pas beaucoup de temps vous savez…, commence Luc

– Allons, celui de boire une coupe !

Nous nous installons sur le canapé fleuri. J'observe les bibelots. Il nous demande ce que nous faisons dans la vie, et mon âge, l'air de rien. Je ne parle pas. Luc répond à ma place. Il invente. Il dit que nous sommes architectes et que je travaille pour lui. Il ment avec aisance. Il dit que je m'appelle Léa. Alors le bonhomme nous révèle son prénom *moi c'est Jean-Claude*. Il sourit à nouveau, comme si cette présentation autorisait enfin les familiarités. Puis Jean-Claude se tait. Il m'observe de haut en bas. Il se lève et frappe à la salle de bains.

– Alors, chérie ? Tu viens dire bonjour à nos amis ?

Il se tourne vers nous.

– Elle est timide... Et puis les femmes aiment toujours se faire attendre, ah ah !

Jean-Claude se rassied et pose négligemment sa main sur ma cuisse. Je ne bouge pas. Caroline apparaît. Jolie, très fine, trente-cinq ans, cheveux courts, blond décoloré, bronzage, parfum, bijoux, bas, jupe courte et serrée, ongles vernis, elle nous serre la main. Elle semble gênée.

– Assieds-toi, chérie !

Jean-Claude tape sur le siège et reprend :

– Nous n'avons pas l'habitude, vous savez... Nous aimons les couples mais nous n'avons encore jamais trouvé... comment dire... chaussures à nos pieds... à nos quatre pieds... enfin... les personnes idéales quoi. J'ai loué ce petit studio justement pour nos rencontres... Nous pourrons vous inviter là régulièrement... si toutefois nous nous entendons... Vous jouez souvent avec le minitel ?

– Parfois, répond Luc, absorbé par d'autres questions.

Je vide ma coupe. Un ange passe. Nous ne nous observons même plus. Je commence à m'étonner des proportions que prennent dans la réalité mes idées d'exploration anthropologique. Je me pensais imperméable à leurs effets. J'avais surestimé ma résistance. Me voilà envahie par une intensité surprenante. Elle me paralyse. Comme lorsque l'angoisse se met à agir, alors que le film est mauvais. Ou comme lorsque le plaisir surgit brusquement, malgré des mises en scène grossières.

Luc prend une cacahuète et leur demande s'ils vivent ensemble.

– Non. Nous travaillons ensemble. Moi j'ai une femme et des enfants.

– Vous aussi, Caroline ?

Elle fait non avec la tête, tout en fronçant les sourcils.

– Léa ne dit rien ? Encore un peu de champagne ?

Je m'impatiente. Je n'ai pas envie de faire semblant de raconter ma vie à ces deux-là. Jean-Claude demande à sa maîtresse de s'asseoir près de moi. Elle persiste à faire la timide. Elle est très parfumée.

– Vous savez, je suis ici pour satisfaire Léa, commence Luc.

– Vraiment ? Jean-Claude se tourne vers moi, jovial.

– Léa désire me voir éjaculer de très près. Je vais le faire sur son visage, devant vous. Je fais tout ce qu'elle veut.

Je retiens ma tête qui voudrait dodeliner comme pour signifier que ce crétin est à mille lieues de savoir ce que je veux, puisque je ne le sais pas moi-même. Je demeure impassible. Je me mets une nouvelle fois au défi de tout supporter, histoire de faire encore monter ma haine, d'égorger ma passivité, et de goûter chacun de mes sentiments, fussent-ils confus et amers. Luc et ses scénarios se révèlent propices à ébranler mon indolence. Je me contiens. Il soupire profondément, se lève, prend ma main et se fige debout devant moi. Jean-Claude est assis à ma droite. Il glisse ses doigts sous ma jupe. Caroline l'observe, le regard effrayé. Elle intervient :

– Nous aimons faire connaissance avant toute chose…

– Ils n'ont pas beaucoup de temps, chérie. Laisse faire.

Luc sort sa queue. Il commence à s'astiquer. Il touche un peu la fille, comme pour se mettre en appétit, puis il s'approche de plus en plus de moi. Il tend son membre sous mon nez. Le champagne m'a grisée. Je trouve la scène comique, pas du tout érotique. Les petits animaux de faïence posés sur l'étagère nous regardent et rigolent bien. Je reste sérieuse. Il décharge sur ma figure. Je ferme les yeux. Je ne l'aime vraiment pas. Je n'ai plus envie de rire. Les autres sont tout près. Je sens leur souffle de profil, leur haleine. Je me lève. On me prend par la main. Je me dirige vers la salle de bains. Je me nettoie. Je vois tous les produits de la fille. Gommage pour le corps, soin réparateur anti-âge, autobronzant, lait antidesséchant hydratation intense, crayons à lèvres colorés, rouges à lèvres irisés, pinceaux. J'essuie mon visage. Un sentiment de mépris réchauffe tout mon corps. Je me sens vivante. C'est agréable. Lorsque je sors du cabinet de toilette, Luc a déjà revêtu son manteau. Maintenant, ils sont tous graves. Comme moi. Je voudrais qu'ils me payent. Non, je ne le voudrais pas. Leur argent parasiterait ma haine. Ce serait un édulcorant aux sentiments troubles que j'éprouve. Luc est capable, avec sa désinvolture terrible, de prendre du plaisir de quelqu'un qui le méprise. Il m'intrigue. Et je m'intrigue moi-même d'aimer le mépriser. Jean-Claude nous tend sa carte. Il explique qu'il est industriel. Il fabrique des capsules destinées au conditionnement des sodas. Il dit qu'il gagne plein de fric, tranquillement. Caroline est restée au salon *c'est ça, à la prochaine.*

Je dois me rendre chez des amis. Luc propose de me déposer directement. Je préfère rentrer me changer. Seule chez moi je me nettoie encore, je me maquille et je me change. Le trouble qui s'est emparé de moi a encore partie liée avec ma haine. Elle me traverse et me revigore. Une énergie inébranlable m'anime et me désole à la fois. C'est à l'idée de haïr et de faire souffrir que je jubile salement.

Lorsque j'arrive chez mes hôtes, ils terminent leur salami *excusez-moi du retard, vraiment, je n'ai pas pu faire autrement…* Je m'installe à leur table. Je me sens bizarre. On me présente un couple d'adolescents, très mignons tous les deux, assis juste en face de moi. Ils sont gais. Je les déteste. Il y a aussi un homme d'environ quarante ans, que je ne connais pas. Il discute avec le maître de maison, quarante ans aussi, qui a probablement l'intention de me coincer chez lui après le dîner. Il ne me plaît pas. Je préfère écouter les deux jeunes, la fille comme le garçon. Leur joie est insupportable. Je suis assise sous le plafonnier. Je goûte le vin. La lumière est forte. Je m'imagine dans un commissariat, éblouie par une lampe surpuissante *alors ? T'étais où tout à l'heure, hein ? Pourquoi t'es en retard ? Et qu'est-ce que t'as fabriqué pour avoir une tronche pareille ? C'est le sperme dans la gueule qui te laisse des marques rouges comme celles-là, sur ta petite figure de sainte-nitouche ? Après un masque comme celui-là, tu peux te tartiner de fond de teint, on les repère tout de même, nous, les filles comme toi ! T'es sans doute allergique aux spermatozoïdes pour rougir de cette façon...* Je bouge la tête pour faire non, non, non. Mon nez et ses ailes planent juste au-dessus du bocal à cornichons. Ils marinent dans le vinaigre, comme des bites de petits Martiens. Je les vois se dresser, décoller, s'envoler, et se planter d'un seul coup dans mes deux narines à la fois. Les petits Martiens me commandent de mieux goûter ma haine au vinaigre. Ils m'empêchent de respirer. Alors leur pointe éjacule le liquide acide en un jet puissant pour atteindre mon cerveau, pour le marquer et pour le féconder. Je suis perdue.

– T'en veux ?

On me présente le plat de salami (grosse bite tranchée. *Regarde ce qu'on leur fait, nous, à tes amis les hommes*, chante la voix des petits Martiens. *Tu serais capable d'en faire autant, ma grande ?*).

– Non merci

– T'es sûre ? Y a des rillettes si tu préfères...

– Je ne suis pas très charcuterie...

Les jeunes rigolent et se parlent à voix basse. Je bois du vin. Je respire mieux. Je tente de m'immiscer dans la conversation. Ils parlent d'un film que j'ai vu. Avec des vaisseaux spatiaux. Je ne suis pas d'accord avec eux. Tout ça ne vaut pas « La Guerre des étoiles ». Je repense à Luke

Skywalker. Maintenant je préfère Ian Solo. Mon goût a encore changé, comme mon corps. Je n'ai plus envie de parler. Ni de réfléchir. Des chaînes plus importantes retiennent ma concentration, ou plutôt la laissent s'échapper dans tous les sens, comme un ballon crevé qui se dégonfle en sifflant pour la dernière fois avant de retomber, inerte, baveux et misérable, à côté d'un Flocon Millenium à effets très spéciaux. Le vin est bon. Le temps passe. Les autres partent déjà. Je ne parviens pas à m'incruster auprès d'eux pour rentrer. Leur véhicule est déjà complet. Celui qui m'a invitée me propose de terminer la bouteille avec lui.

– Un bon vin comme ça…

C'est d'accord. Les petits Martiens me laissent tranquille maintenant. L'autre me parle de la première fois qu'il m'a vue, de ce qu'il a pensé, tout ça. Je change de sujet. Il dépose sa main sur ma cuisse. Je le regarde méchamment. Il s'excuse.

– Je vais rentrer. Merci. Bonsoir.

Je me couche agacée. C'est toujours plus facile de me laisser tripoter par des gens que je ne connais pas du tout. Le danger de me voir aliénée à l'autre par un sordide sentiment est moins prégnant. Je parviens à haïr Luc et c'est le premier sentiment qui me gagne depuis si longtemps… Je ne vais pas risquer de dilapider ma haine sur d'autres lascars, et de perdre totalement le contrôle de la machine… Je commence à m'endormir. Le téléphone sonne. Je décroche. C'est encore Luc. Sa voix est triste. Il parle d'amour.

– On ne se connaît même pas…

Il dit que c'est pour ça.

– C'est pour ça quoi ?

Il parle d'un amour platonique *inversé*. Il dit que c'est ça l'amour.

*

La charcuterie me dégoûtait d'emblée : sa couleur rouge, rose ; l'incarnat du sang contrastant avec le blanc du gras. Pourtant j'aimais les objets blancs, les vêtements blancs, l'émail et la neige. Mais le blanc dans la viande avait une consistance insupportable sur la langue et sous la dent. Il suffisait que j'en aie sous les yeux pour éprouver l'envie de vomir et de quitter la table. Il luisait, il transpirait. Il restait dur tout en paraissant mou et glissant. Il se trouvait partout dans la charcuterie, inévitable, comme s'il s'accouplait, inséparable, à la chair de l'animal. Le blanc du jambon : facile à détacher, à mettre de côté. Le blanc dans le saucisson : suintant, obligée de le manger. J'avais essayé de le séparer du rouge *arrête de jouer avec la nourriture. Mange ton saucisson.* Le blanc des saucisses : impossible d'y toucher. Il était emballé dans la peau de l'objet, avec ses extrémités nouées des deux côtés, comme un petit balluchon. Et qu'est-ce que c'était que ce truc transparent dans lequel était contenue toute la chair avec tout son gras ? On me répondait *c'est rien, c'est du boyau.* Je mangeais tout de même, avec beaucoup de moutarde, dans du pain quand c'était possible, comme ça je ne voyais rien. Puis ça me montait au nez.

8. *Sur le trottoir*

Je rentre chez moi, il est bientôt vingt-deux heures. J'arrive dans ma rue. Je suis de bonne humeur. Je porte une nouvelle robe. Elle est courte. Mon manteau la cache. On m'apostrophe.

– Excusez-moi…

Je ne le regarde pas. Je ne réponds pas. Il insiste.

– Attendez, j'ai un truc à vous dire…

Je tourne la tête. Je vois un garçon d'environ vingt-deux ans, blond, un peu de charme.

– Quoi ?

Il bafouille. Il tient une bouteille de jus d'orange à la main. Elle est entamée. Il est mignon. Je souris.

– Qu'est-ce que vous voulez ?

– Euh… rien. J'sais pas comment dire. Je voulais vous parler.

– Qu'est-ce que vous voulez me dire ?

Je m'arrête pour l'entendre. Je suis à deux portes de chez moi.

– Non rien, euh… Je vous ai vue. J'ai eu envie de vous parler.

– Oui. Pour me dire quoi ?

Je sais que je le torture. Il est très gêné.

– Rien… Euh, vous êtes jolie…

– C'est tout ce que vous vouliez dire ?

– Oui.

– C'est vraiment tout ?

– Euh…

– Bon, merci. Alors au revoir.

Il me regarde partir. Il reste immobile, paralysé. Je compose le code de mon immeuble. Il accourt vers moi. Il me tutoie.

– T'habites là ? Moi j'suis juste à côté.

Il indique sa porte.

– D'accord. Au revoir.

– Attends !

– Tu veux me dire autre chose ?

– J'sais pas…

– Moi non plus, j'sais pas… Alors parle ! Tu le sais mieux que moi quand même…

Il regarde dans le vide. Il est vraiment mignon.

– Allez, dis-moi pourquoi t'es venu me parler. Dis-moi ce que tu veux !

– Ben, parce que je t'ai vue, je t'ai trouvée bien, alors j'ai voulu te le dire…

– Ça t'avance à quoi de me le dire ? C'est juste pour me faire plaisir ?

– Oui…

– Et toi, ça te fait plaisir de me faire plaisir ?

– Oui…

– Ben voilà c'est fait. Merci bien. T'es sûr que tu vois rien d'autre ?…

– Si, mais j'ose pas.

– Qu'est-ce que tu risques ?

Un silence passe. Il ne se décide pas. Je pousse ma porte. Il pose sa main sur mon bras pour me retenir.

– J'aimerais bien…

Il s'interrompt, regarde ailleurs.

– Dis-le. Tu veux quoi ? Allez, dis-le-moi…

– J'aimerais faire l'amour avec toi, voilà… c'est tout…

– Tu me connais pas…

– Oui, mais… Et alors !

J'attendais qu'un jour, une fois, on me dise les choses clairement, sans baratiner. C'est ce soir. Je pense qu'il faut encourager de belles initiatives comme celle-là. Je l'observe plus sérieusement.

– Eh ben… je suis d'accord, mais à une condition…

– Oui, oui.

Il ouvre ses yeux plus grands. On dirait qu'il a peur.

– On fait l'amour une fois et ensuite on se quitte, on ne se voit plus, on ne se connaît pas…

– Oui, oui…

Il s'approche pour passer la porte de mon immeuble.

– Non, non. Attends… J'ai pas envie qu'on aille chez moi.

– Pourquoi, il y a quelqu'un chez toi ?

Je ne réponds pas. Il propose d'aller chez lui. C'est à deux pas. J'accepte. C'est moi qui ai peur maintenant. Je le regarde encore plus attentivement. Il paraît innocent, jeune et gentil. Je m'amuse de ma crainte.

Nous montons son escalier. Il essaie de m'embrasser.

– Non. Tout à l'heure… Et t'oublies pas ce que je t'ai dit… Après, on ne se connaît plus…

Il vit chez ses parents qui sont absents. L'appartement est très joli, mansardé, décoré simplement. J'enlève mon manteau. Il ne me dit pas que j'ai une belle robe. Il me propose un verre. Il commence à discuter dans le salon. Il dit qu'il étudie la littérature russe.

– T'es à quelle fac ?

– Non. Pas à la fac… Tout seul, chez moi.

– Et tu préfères quel auteur ?

– Euh, j'sais pas encore…

Il change de sujet, il me questionne sur ma vie. Je suis évasive. Il ne comprend pas que tout ce que j'attends c'est que les choses se passent. Il dit qu'il a un rhume et que c'est pour acheter du jus d'orange qu'il est descendu et que c'est comme ça que nous nous sommes rencontrés. Il me dit qu'il était triste ce soir, qu'il a même pensé à se tuer… Il dresse un portrait de lui très romantique, suicidaire, sensible et trop érudit pour ce monde trivial. Il parle durant un bon moment. J'aimerais croire à la caricature qu'il est en train de jouer devant moi, mais il s'y prend mal. Je lui demande s'il a des capotes.

– Euh… J'sais pas… Je dois en avoir une quelque part…

– C'est bon. J'en ai sur moi.

Je le trouve abruti. Il doit être intimidé.

– Où est ta chambre ?

– Maintenant ?

– Ben oui. Tout de suite…

Je m'approche de lui pour qu'il m'embrasse, me prenne dans ses bras, quelque chose… Il passe sa main dans mon dos. J'attaque. Je l'embrasse. Nous passons sur son lit. Tout s'enclenche naturellement. C'est plutôt bien. Il me plaît. Je lui mets une capote, je m'installe sur lui et je jouis rapidement. Très bien.

Je dis que je vais partir. Il me propose encore un verre ; de rester juste le temps de boire un verre. J'hésite. J'accepte. Il sort de la chambre. Je suis seule dans la pièce. Elle est agréable. Une rose blanche émerge d'un vase. *La Mouette* de Tchekhov en livre de poche trône sur sa table de chevet. Je l'attends. Tout est silencieux. Cela dure longtemps. Que fait-il ? Je n'ose pas aller voir. Ma gêne m'effraie. Aurais-je peur ? Oui. Je ne le connais pas. J'ai surestimé mon assurance et mon attirance aussi. Maintenant que tout est fini, je pense que ça ne valait pas le coup. Il ne me plaisait pas tant que ça… Je ne sais pas ce qu'il fabrique. Il doit me prendre pour une grosse salope… Il pourrait vouloir me tuer. Revenir avec un grand couteau, me dire *si tu n'obéis pas, je t'ouvre le ventre*. Mais quel intérêt prendrait-il à me violer maintenant ? Aucun. Il pourrait seulement vouloir punir mon attitude lubrique et égoïste. Il pourrait sombrer dans la confusion sentimentale du type qui demande à la fille si elle est libre après l'orgie. Qu'est-ce que je fais dans ce lit ? Il pourrait se suicider comme il le disait tout à l'heure, carrément, pendant que j'attends, toute nue dans son lit. Se suicider et me laisser en plan, dans la maison de ses parents. On m'inculperait. Ça ferait roman russe, ou série américaine. Je réfléchis, des gens nous ont-ils aperçus ensemble ? Non. Je pourrais toujours m'enfuir. Essuyer mes empreintes… J'ai le cœur qui bat. J'entends un bruit, plus loin, comme un gémissement grave. J'ai trop peur. Je veux partir. Il entre avec un plateau. Il sourit.

– T'as peut-être faim ?

– Non. Je vais y aller. Merci.

– Attends un peu…

Finalement, je me laisse faire. Je n'ai pas envie de me retrouver seule. Je regrette que Luc ne soit pas là. On serait déjà dehors. On rirait… Le blond parle beaucoup. Il me dit qu'il veut être acteur.

– Et la littérature russe ?

– J'ai dit ça pour faire bien…

Puisque nous avons couché ensemble, il ne cherche plus à « faire bien ». Il veut que j'apprécie sa diction. J'étale un peu de fromage sur une biscotte. Il commence la tirade de Cyrano en lisant scrupuleusement son livre. Il me donne envie de rire. Je me contiens. Lorsqu'il a terminé, je déclare que je m'en vais. Il se jette sur moi. Nous refaisons l'amour. C'est moins bien, fade, déjà routine, aucun intérêt. Je jouis tout de même. Je me dégoûte de me retrouver avec lui. Il faut que je parte. Il insiste. Il n'a pas compris ce que je lui ai dit. Il veut qu'on se revoie. Il n'entend rien. Je me dégage. Je dégage. Ouf.

Je me lave chez moi. Son souvenir me révulse. Il ne faudrait pas parler. Seulement consommer, et ne jamais se resservir.

*

Avec les quatre carrés de chocolat du goûter, on nous donnait un morceau de pain. Il fallait tout manger. J'étais surtout attirée par le chocolat. J'observais le fragment de la plaquette noire sous toutes ses faces. Je caressais le papier argenté et déchiré, il le protégeait, il sentait bon. Je léchais les carrés pour ne pas les briser, pour qu'ils soient encore là longtemps, pour en profiter de mon mieux. Ma salive devenait parfumée, elle embaumait tout mon palais. Je la savourais avant de l'avaler. Je la goûtais. Je désirais qu'elle imprégnât chacune des parois internes de ma bouche. Je tournais ma langue contre mes dents et contre mes gencives. Le chocolat était le roi de ces aliments augustes qu'il n'est pas nécessaire de mastiquer ni d'avaler. Il savait fondre et se laissait sucer. La misérable tranche de pain livrée avec ce trésor n'avait pas grand intérêt. Je supportais le pain généralement, mais je ne lui trouvais plus aucun attrait auprès de mes carrés noirs.

Un jour, j'essayai de les manger ensemble, équitablement : une bouchée de pain, un morceau de chocolat. Une bouchée de pain, et ainsi de suite. Ce fut sans plaisir. L'obligation du pain jugulait la douceur du chocolat.

Un autre jour, j'ingurgitai le pain en premier, comme une corvée de plus, pour me retrouver enfin seule avec mon chocolat. Ce fut fastidieux. L'absorption de la tranche avait duré trois fois plus de temps que celle des carrés ; et son souvenir pénible et endurant niait catégoriquement les attraits de ce qui lui succédait.

Une fois, parce que nous étions dans la rue, j'ai balancé le pain dans le caniveau. Je ne voulais que le chocolat. Ils m'ont repérée. Ils m'ont grondée. Ils m'ont dit qu'il y avait des enfants qui mouraient de faim. Ce que j'avais fait était scandaleux.

9. *La peau*

Je vais revoir Luc après deux semaines. Je l'attends en bas de chez moi. Il est en retard. Puis il arrive. Je monte dans sa voiture. Il a des soucis. Il en parle. Ça ne m'intéresse pas. Je préfère ne rien connaître de lui. Nous nous installons au bar d'un autre club. Nous ne discutons plus. Le goût étrange de la décoration m'absorbe. La musique de fond convient parfaitement. Elle me rappelle mes premières boums : *Born to be alive*. Les pros qui travaillent ici dansent mollement, sur ces chansons qu'elles connaissent par cœur. Elles portent chacune une robe en stretch, avec ou sans paillettes, des bas en mousse, et des permanentes colorées ou décolorées. Il y en a une qui balance ses lunettes, suspendues à une chaîne de plastique mauve, assortie au fard de ses paupières. Elle a une tête de guichetière. Le genre de figure dont on ne voit jamais le corps. C'est sans doute la raison pour laquelle le trouble s'impose devant le balancement lascif de ses fesses sous sa minijupe bleu turquoise. Un petit panier est posé sur un matelas. Un carton est agrafé à l'anse *merci pour le service*. Au-dessus des banquettes de velours, trouées par des cigarettes, sont accrochées de grandes photographies de paysages, pompeusement encadrées : un lac, une forêt, une montagne. Un écran vidéo est suspendu à l'angle du plafond, telle une icône orthodoxe. Il diffuse sa neige hypnotique, quand ce ne sont pas des films pornos bas de gamme, avec des filles à la peau abîmée prises par des mâles enveloppés, velus et essoufflés. Le mur est tapissé de feutre bleu marine. Je me trouve au cœur d'un monde parallèle. L'atmosphère est rare. Dans ma tête, la musique de *La Quatrième Dimension* tourne en boucle par-dessus les revendications de Patrick Hernandez. Tout pourrait arriver.

Luc paraît absent. Je le préfère comme ça. Il boit deux verres à la suite. Je l'embrasse. Il ne répond pas à mes baisers. Nous descendons. Dans la salle du bas, une peroxydée se fait prendre. Les autres se pognent devant elle. Il y a un vieux assis dans un coin. Il reste à l'écart, *Puissance et gloire, au cœur de Châteauvallon*. Je m'assieds sur un pouf de velours mauve. Luc se tient debout devant moi. Il se masturbe sans pudeur. Tout est moche, trop moche, ou alors pas assez. Et moi je déteste Luc, et c'est pour ça que je suis là. Je m'accroche à ce sentiment comme à une bouée. C'est le seul qui m'anime et me donne envie de réagir. Mais je ne réagis pas. Je deviens de plus en plus passive. Ce n'est pas un paradoxe. C'est un prélude. Un premier acte pour me sortir d'un fond morbide. Je me tiens figée à la lisière. Paralysée par le changement de mes habitudes et de mes certitudes. Et la perspective de me métamorphoser en même temps qu'elles anéantit sans appel toute velléité de révolte.

Un homme assis glisse son pouf de plus en plus près de moi. Luc se plaint à mon oreille *si ça continue je vais éjaculer dans sa gueule !* Il me fait lever. Nous remontons au bar. La serveuse est au téléphone. Elle parle avec sa mère. C'est au sujet d'une chemise qu'elle a offerte à son père *il faut qu'il l'essaye au moins !* Elle raccroche. Puis elle nous sourit. Ensuite elle reçoit un second coup de fil. Elle dit qu'elle va venir réparer le chauffe-eau. Elle dit qu'elle arrive. Elle lance des regards complices au patron et raccroche encore. Elle enfile son manteau. Elle est naturellement blonde et ne fait pas trop pute malgré sa tenue. Ses hanches bien rondes sont moulées par une jupe très courte, à volants et en vinyle. Un corsage noir voltige selon le mouvement de ses gros seins. Elle est peu maquillée, plutôt fraîche, la trentaine. On dirait qu'elle se fait le patron. C'est un petit gros aux longs cils, dans la trentaine également.

– Tu rentres pas trop tard.

– Mais non…

– Tu traînes pas ce soir !

– Non j'te dis !

Pendant qu'elle enfile son manteau, Luc la questionne sur le vieux que nous avons vu en bas. Elle nous explique :

– Il vient de temps en temps. Il est toujours tout seul, dans un coin. Il attend. Son truc c'est de se faire fouetter par une femme. Il n'en trouve pas. Elle s'approche et chuchote avec une moue dégoûtée :

– Moi la violence, c'est pas mon truc...

– Vous avez un martinet ici ? demande Luc.

Elle opine.

– Vous voulez lui dire que nous l'attendons ?

Elle opine.

Le vieux arrive dans le petit boudoir aux rideaux à trous. Il nous parle avec l'enthousiasme d'un commerçant qui va réaliser une affaire. Il se frotte les mains : *Bonjour, madame, bonjour, monsieur. Alors voilà – si vous le permettez – ce qui me ferait plaisir, c'est que vous me fessiez légèrement avec le martinet ou avec la paume de la main.* Il continue de répéter ce qu'il attend : une punition – *si vous le permettez.* Il s'adresse à Luc plutôt qu'à moi. On dirait qu'il voudrait que ce soit lui qui le frappe, contrairement à ce que nous avait dit la fille du bar. Il baisse son petit pantalon et son slip en même temps. L'expression d'un gamin qui attend sa récompense illumine sa figure ridée. Il s'allonge rapidement sur le ventre, les fesses à l'air. Son cul est petit. Sa peau est rose. Luc me tend le martinet. Je transpire. Je me demande subitement ce que je fais ici. Puis je me reprends. Je pense que je vais pouvoir me défouler sur le vieux. Alors je fouette mollement. *Faites-moi les fesses rouges,* dit-il, *n'ayez pas peur.* Je n'y arrive pas. C'est Luc que je voudrais frapper. Comme s'il le pressentait, il retire le martinet de mes mains. Il frappe fort sur le cul du vieux, toujours au même endroit. Les zébrures roses et jaunes apparaissent et disparaissent, au gré de ses coups, sur la vieille peau qui en a vu d'autres. Luc devient trop brutal. Le vieux se redresse pour lui demander de le fesser à la main. Luc refuse, il chuchote *j'ai pas envie de toucher son cul de vieux*. Je reprends le martinet et je frappe moi-même, de plus en plus fort, un coup sur chaque fesse. Le vieux ne bouge plus. Un troupeau d'hommes s'est amassé derrière le rideau pour nous mater à travers les trous. Luc fait entrer un Noir. Il lui demande de fesser le vieux à la main. Il s'en occupe. Un jeune, mignon, est également entré. Il se touche. Il dresse son autre main vers mes cheveux et les effleure. Il me regarde comme si j'étais une icône, comme s'il m'aimait depuis toujours, comme si j'étais Blanche-Neige et lui le Prince charmant. Je n'aime pas du tout ça. Ils sont deux à se toucher tout près de moi. Le vieux prend toujours sa fessée. Le Prince éjacule vite. Le bar va fermer. On leur demande de sortir du boudoir aux rideaux à trous. Nous restons avec le vieux. Il s'est levé. Il demande à caresser mes cuisses *si vous le permettez* et à se branler devant nous. Luc lui interdit de me toucher. Alors le vieux se masturbe dans l'une des petites serviettes disposées à cet usage. Il me regarde. Il approche son visage tout près de moi. Il dit que je sens bon. Il éjacule. Tout son corps est pris de convulsions. Entre ses dents expire un *han* vibrant avec ses spasmes. Je trouve qu'il ressemble au bonhomme de mon kiosque à journaux. Encore une réflexion pour m'éviter de considérer plus sérieusement la situation : Luc me fait faire tout ce qu'il veut, et je l'accepte, au nom d'un sentiment qui me déplaît et me fascine. L'écœurement qui en découle me comble et me laisse désirer Luc avec davantage de violence. La pureté de ma haine est limpide. Elle me trouble délicieusement. Elle s'épanche dans tout mon corps. Je ne me sens pas méprisable, je méprise.

Luc est de meilleure humeur lorsque nous sortons. Il me parle encore d'amour. Il est aveugle. Je me souviendrai du geste frénétique du vieux pour secouer sa queue. Le Prince était plus lent. Il l'empoignait de haut en bas et glissait sa main doucement, sauf les dernières secondes avant l'éjaculation, alors il accélérait prodigieusement. Il ne faisait aucun bruit. Je n'ai pas vu le Noir éjaculer. Il s'est peut-être gardé pour plus tard. Il se prenait du bout des doigts. Le spectacle de leurs envies et de leurs satisfactions, jusqu'au dégoût suprême, me répugne et me rassure. Ils m'interpellent mais ne m'attirent jamais. Je voudrais parvenir à goûter mon propre désir sans m'écœurer moi-même. Ils m'y incitent tous. Je sais qu'ils m'aident. Tous plus forts que moi, plus dégoûtants, légers, libres et sans honte, auréolés de la grâce des assassins.

Je voudrais les observer sans qu'ils le sachent, lorsqu'ils sont seuls et qu'ils ont besoin de jouir vite. Quand s'y prennent-ils ? Le soir, le matin ? Où ? Dans les toilettes, au bureau, au lit, dans la voiture ? Vite ou lentement ? Besoin de photos, de films ? Quelles images dans leurs têtes ? Où sécrètent-ils ? Dans un mouchoir, dans leurs mains ? Où s'essuient-ils ? Respirent-ils leurs doigts ? Goûtent-ils leur sperme ? Aiment-ils sa saveur ? Le goût varie-t-il en fonction de ce qu'ils ont mangé ? La consistance ? Comment se sentent-ils juste après ? Tout seuls comme des nuls, ou tout seuls, heureux, tranquilles ? Je pense à tous les mouvements de mains, à tous les rythmes. Comment se la tiennent-ils ? En musique ou en silence ? La poigne bien serrée ou du bout des doigts ? J'ai vu ceux qui astiquent seulement le bout de leur gland. Et ceux qui se l'empoignent sérieusement, comme le Prince de tout à l'heure, de haut en bas et de bas en haut. J'aimerais savoir deviner, juste en regardant leurs figures, deviner comment ils se branlent. Et deviner aussi, rien qu'en évaluant la quantité de sperme exprimée, deviner à quand remonte leur précédente éjaculation. On pourrait faire des capotes graduées pour mesurer la quantité de sperme. A-t-elle un rapport avec la qualité de l'orgasme ? Pareil pour la puissance du jet : savent-ils en jouer comme lorsqu'ils pissent ?

*

La surface du chocolat chaud m'écœurait particulièrement. Quelque chose flottait sur le breuvage et réagissait au contact de la cuiller. Si je trempais ma tartine dedans, c'était foutu. La crème perturbait la rencontre du pain avec le liquide lacté et se collait, telle une feuille adhésive, sur la partie que je m'apprêtais justement à mordre. Pour la première bouchée du matin, c'était beaucoup trop difficile, trop répugnant, et la contrariété déclenchait systématiquement une humeur persistante qui voudrait que toute la journée soit maussade. Alors je tâchais minutieusement de déjouer le piège. Souffler dessus : des rides révélaient la présence du masque, faire glisser au moyen de la cuiller la parcelle indésirable, puis la déposer très soigneusement, sans qu'elle ne se déchire, sur le rebord du bol, telle une pièce de tissu trempée. Je ne quittais pas des yeux ce dépôt, tout en ingurgitant mon lait au chocolat en poudre. Ils appelaient ça *la peau*. C'est vrai que ça ressemblait à une peau de vieux, une peau de vieille, très maquillée. Couleur fond de teint. C'était la peau du lait, et j'étais inquiète. Il fallait tout boire. Je ne pouvais pas. Sous prétexte d'avoir avalé un nombre de tartines convaincant, je négociais leur indulgence. Je laissais quelques centilitres. Suffisamment pour dissimuler un fond obscur, très marron, plus consistant que le liquide, mais néanmoins fluide. Je ne voulais pas regarder le résidu poudreux. Je savais qu'il était là, noirâtre, sous ce que j'avais bu. Du moment que je ne voyais rien, ça restait supportable. Ils disaient *elle ne finit jamais son bol.* Je savais que j'étais lâche.

10. *Ceux qui me plaisent*

Nous arrivons vingt minutes avant la fermeture, les propriétaires ont l'air sinistres, comme s'ils venaient de se disputer. L'endroit est pratiquement désert, *Joe-le-taxi il va pas partout, il marche pas au soda*. Un jeune homme blond est installé au bar. J'aperçois un brun un peu plus loin. Je ne l'observe pas précisément mais il a l'air intéressant. Il est seul, sur un canapé. Deux jeunes au physique agréable pour le même jour : c'est exceptionnel. L'angoisse déboule. Je ne m'attendais pas à ça. Je ne comprends pas. Je ne suis pas là pour trouver des garçons qui me plaisent ! Je viens pour observer les autres, leurs spermes et leurs réactions. Je viens pour constater les occurrences de leurs désirs et celles de leurs plaisirs. Je viens pour soulever mon cœur. C'est le moyen que j'ai trouvé pour prendre de la distance face aux préoccupations sexuelles imposées par mon corps. Je les subis depuis le début. Je viens pour être écœurée. J'observe les autres et je ne les juge pas. C'est pour cesser de me condamner. Le dégoût me protège. Plus je les regarde, plus je supporte de me voir. Plus ils sont dégueulasses, plus ils me soulagent.

Luc et moi descendons. Il n'y a personne d'autre en bas. Je m'assieds sur le matelas. Luc s'installe sur un siège, face à moi. Le blond descend, il s'assoit près de lui. Luc lui demande de se placer à mes côtés. L'autre obéit. Il tente de discuter en souriant. Il dit que nous formons un joli couple. Nous ne répondons pas. Je ne me souviens pas de l'arrivée du brun près de moi. Il se retrouve à ma gauche. Ils sont beaux tous les deux. C'est comme un affreux miracle. Nous devons avoir le même âge. Je suis gênée. Eux aussi.

– Touche-les, demande Luc.

Je pose ma main par-dessus leurs jeans, en même temps. Le brun bande déjà.

– Sors leurs queues, demande Luc.

Le sang monte dans ma tête. Le blond baisse sa braguette. Je déboutonne le brun qui détache sa ceinture pour m'aider. Nos doigts se touchent. Il est bien habillé, ça change de la clientèle habituelle. J'observe sa figure. Il sourit. Il me plaît encore plus. J'ai honte d'être ici. Luc soulève un peu ma robe. Je voudrais être ailleurs. Je rabaisse un peu le tissu. Luc s'approche de mon ventre. Il m'embrasse un peu. Je peux fermer les yeux. Je ne veux plus rien voir. Je suis répugnante. Les deux garçons m'effleurent. Le blond éjacule vite. Débarrassée. Je voudrais qu'il disparaisse et oublie tout. Le brun retient ma main avec son coude. Je stoppe le va-et-vient. J'ouvre les yeux. J'observe son visage. Il est vraiment beau. Son expression est sérieuse. Le col de son pull sur son cou, ses cheveux sur sa nuque, sa figure : il m'attire. Je voudrais l'embrasser. Nous nous regardons longtemps dans les yeux. J'aimerais être seule avec lui, débarrassée des deux autres. Je m'allonge et Luc me touche. Le brun et moi continuons à nous dévisager. Il me regarde comme s'il était en moi. Je me sens rougir et je me demande à nouveau ce que je fais là – vraiment. Me plairait-il autant si nous étions ailleurs ? Nous échangeons nos regards. Luc tente de rappeler mon attention sur lui. Je préférerais l'oublier. Je continue de fixer le brun qui entrouvre la bouche. Je voudrais l'embrasser mais c'est impossible. Si je cédais, je me perdrais. Et pourquoi ne pas me perdre ? Je ne peux pas y penser. Je regarde Luc qui reste immobile. Les traits de sa figure crispée me rappellent un sentiment de désillusion trop familier pour être angoissant. Je suis avec lui et pas avec l'autre. Je me complais dans cette situation forcée. Qu'adviendrait-il si j'acceptais mes désirs ? Je préfère rester impassible et lâche. De quoi ai-je donc si peur ? Luc se touche puis il jouit, sans ses soupirs habituels. La musique s'interrompt, c'était quoi déjà ? Le bar va fermer. Le brun ne bouge pas. Il nous suit des yeux lorsque Luc m'entraîne dans le cabinet de toilette. Luc verrouille la porte et me demande :

– Qu'est-ce que t'as ? Ça va pas ?

– J'sais pas…

Je me lave les mains.

– Ça a été le coup de foudre avec le petit brun ?

– Mais non…

Lorsque nous sortons, le garçon n'a pas bougé de sa place. Il a allumé une cigarette. Luc me tire par la main et nous remontons l'escalier. Je n'ose pas le regarder une dernière fois. Nous partons. Je repense constamment à sa bouche et à son cou. Je me retrouve chez moi, seule. Je suis triste et ce n'est pas désagréable. Il faudrait inverser la machine. Partir dans l'autre sens. Accepter l'amour et le désir (ces mots me donnent envie de vomir) comme antidote à ma haine et à mon dégoût. Un sursaut de révolte hérisse ma peau. Puis il étouffe, jugulé par ma peur et le souvenir du discours de Luc, qui résonne dans ma tête comme pour m'aliéner *toi et moi c'est autre chose. Ce qui se passe entre nous est unique. En moi tu as confiance. Je ne ferais jamais rien contre ton bien. Je te protège. Abandonne-toi.* Je vois le serpent de Mowgli et ses iris hypnotiques, sa langue fourchue et sa chanson sifflante *aie confiance, perds conscience.* Je ne prends pas la force de résister. Luc récupère illico son aura. Il redevient un héros indulgent et sécurisant – d'autant plus rassurant que je ne l'aime pas.

*

J'aimais aller au restaurant. Ils y mettaient de la salade dans toutes les assiettes, jusqu'au dessert. J'appréciais leur souci de présentation. Je trouvais que c'était beau, un peu de vert partout… sous les steaks, autour des omelettes, des œufs au plat, et même avec le camembert. Nous choisissions des frites pour accompagner le plat de résistance.

Ce jour-là, maman m'avait commandé une laitue (elle pensait que j'adorais la salade. J'aimais seulement la couleur). Je n'avais pas envie de la manger ; mais puisque nous étions au restaurant, je me forcerais plus facilement. Notre serveur était beau. Sérieux. Jeune. Brun. Il transpirait à peine sur les tempes. Il ne m'agressait pas avec des sourires et des parlottes. Il travaillait, c'est tout. Et je le trouvais gracieux. Il me plaisait beaucoup. Il a apporté ma salade. Elle fleurissait dans une espèce de bol de restaurant, un peu carré, blanc, placé dans une assiette, carrée elle aussi. Cinq feuilles trempaient dans l'huile, parsemées de persil, un autre vert, très joli. Maman discutait puis elle s'interrompit :

– Mange ta salade.

On m'avait appris qu'il fallait plier les feuilles avec son couteau et sa fourchette. Je m'interrogeais sur le sens de cet usage : déchirer la feuille aux nuances émeraude et céladon au moyen d'une lourde lame qui ferait chanter l'assiette ne pouvait pas, de toute évidence, être un geste élégant. Au contraire, le pliage, soigneux et méthodique, impliquait d'une part la dextérité de celui qui l'exécutait, et procurait d'autre part l'avantage de savourer une bouchée chlorophyllée plus substantielle. En outre, nous étions au restaurant. On me disait qu'il fallait bien s'y tenir au risque d'en être expulsé. Je dressais la colonne vertébrale et je me taisais : je voulais y retourner encore, souvent. J'aimais choisir, être servie, manger des frites. Et les adultes étaient plus sereins au restaurant. Ils ne criaient pas comme à la maison. Puis ils demeuraient à table, auprès de moi, zélée, bien droite et silencieuse.

Je m'appliquais à l'exercice de pliage de l'une des feuilles de ma laitue, lorsque je découvris un autre truc vert. Ça bougeait. Le truc tentait de devancer la goutte d'huile qui risquait de l'immerger. Je montrai à ma mère. Elle ne dit rien, puis elle appela le serveur en levant son bras. Je redoutais qu'elle ne l'incrimine à cause de moi. Elle ne cria pas. Il reprit l'assiette. Il ne s'excusa pas. Maman se pencha vers moi et me dit en souriant *ça prouve qu'elle était fraîche*. Il m'apporta une autre salade dans un autre bol carré. Il fallait tout recommencer. Je pliai les feuilles. Je me forçai. Je savais que les chenilles ne se mangent pas, la salade, si.

11. *Les associations*

Luc me parle des camionneurs, et de ce boulevard ou de cette avenue, tout près de celle des exhibitionnistes, où quelques hommes attendent qu'on les branche. Il arrête l'auto. Il me demande de monter derrière. Il remet la voiture en marche. Il fait encore un tour là où nous sommes déjà passés. Il ralentit devant un jeune Africain qui attend sous un arbre. Il l'observe de haut en bas. Moi je regarde Luc. Il a l'air décidé. Il ne me demande rien. Il accélère et fait encore un tour. Il stationne devant le jeune homme. Ils dialoguent un peu. Je n'entends rien. Luc le fait monter dans la voiture, à ses côtés. Le Noir ne cherche pas à me regarder, ni à en savoir davantage. Luc nous conduit dans son parking. Silence dans la voiture. Arrivés au sous-sol, nous tombons sur un automobiliste qui n'en finit pas de charger son coffre.

– Restez assis…, nous commande Luc.

Puis il sort du véhicule. Il ouvre le rideau de bois qui barre l'entrée de son box. C'est un garde-meuble : des placards de bureau métalliques des années soixante-dix, des rouleaux de moquette posés contre le mur, à la verticale, des sièges à roulettes. Le Noir et moi nous ne bougeons pas. J'observe minutieusement sa nuque, les frisures de ses cheveux. Il m'ignore. L'autre automobiliste n'en finit pas avec ses rangements. Luc est prudent. Il veut éviter que son voisin de parking ne nous remarque. Il passe sa tête dans la voiture, fouille dans la boîte à gants et répète :

– Restez assis…

Luc fait des allées et venues entre sa voiture et le garde-meuble. Il déplace lentement quelques objets, d'abord une boîte de mouchoirs en papier. De retour vers nous, il fait encore semblant de chercher quelque chose sous son siège. Puis il réitère :

– Ne bougez pas…

Il ouvre son coffre. Ses gestes sont mesurés et paraissent étudiés. L'irritation provoquée par la situation se lit sur son visage. Il jette des regards furtifs vers l'autre conducteur qui ne se décide pas à partir. Le Noir et moi sommes toujours silencieux. L'autre voiture démarre enfin. Nous claquons nos portières en même temps. Il ne me regarde toujours pas.

Luc nous fait entrer dans son local et referme aussitôt le rideau de fer.

Il me demande de m'asseoir sur un grand tabouret. Je m'y appuie simplement, les deux mains sur le disque, direct sous le plafonnier. L'atmosphère est tendue, comme pour une transaction illicite. Luc soulève ma jupe. Je porte des collants. C'est comme ça. Il déboutonne mon chemisier. Il exhibe mes seins et s'adresse au Noir :

– Elle te plaît, hein ?

– Ouais…

– Alors sors ta queue… Vas-y !

Le Noir obéit. Luc prend ma main et la dirige vers lui, vers le Noir. Sa queue est de proportion moyenne. Je l'attrape du bout des doigts. Elle durcit vite. Je ne regarde pas sa figure. Il demande à Luc la permission de me toucher. Luc dit non tout en baissant mon collant et en passant ses doigts entre mes cuisses. Il me caresse un peu. Le Noir bande dur. Je continue à le toucher. Il reste debout, les mains sur les hanches. Position du type satisfait. Luc prend mon autre main pour se faire branler aussi. Une main pour chacun. Je les tiens. Je les juge. Ce sont des crétins. Ils se laissent toucher par quelqu'un qui les méprise. Ce n'est pas possible d'y trouver du plaisir ! Ils s'en foutent et c'est le cas de le dire. C'est sans doute la perversion la plus répandue… Le Noir approche lentement ses doigts de mon sein droit. Il dévisage Luc qui ne proteste pas. Il me caresse. Sa main est glacée. Il commence à éjaculer sur le sol. Un jet d'abord, un jet bref et puissant. Je m'arrête de secouer sa queue. Luc me demande d'insister en grommelant :

– Allez vide-le, vide-le bien ! Continue.

Ça coule encore. J'ai l'impression d'activer une pompe. Je me souviens des pneus de ma bicyclette qui durcissaient sous l'action de la pompe à vélo. Luc pousse un râle. Il éjacule à deux doigts de mes cuisses, les éclabousse un peu. Le Noir lui demande :

– C'est bon ? Dis, c'est bon ?

Un instant de silence. Luc pose ses paumes sur ses tempes, puis il reprend contenance. Il distribue des mouchoirs en papier. J'essuie mes jambes, le Noir nettoie son sperme sur le lino. Je remonte mon collant. Il se redresse, soulève son pull pour refermer son pantalon. Il porte une chaîne autour du ventre. Luc lui demande ce que c'est. Il répond *c'est un gli-gli* avec son accent sénégalais

Nous retournons dans la voiture. On le dépose où on l'a rencontré. Il dit qu'il attend un ami. Nous n'avons pas pensé à lui demander son nom. Luc me parle des proportions de sa queue. Il veut que nous trouvions une queue plus grosse, une très grosse queue. Je dis *oui oui* mais je n'en pense pas moins. Le plaisir de Luc me fascine. Il est avide et dépendant. Lorsqu'il a eu sa dose il devient loquace et joyeux. Moi je continue de tricher et de faire semblant. J'observe et je laisse faire. Mon dégoût durcit. J'attends le moment de le faire crever.

*

Tout bien réfléchi, ce n'était pas cohérent. Les rares aliments que j'ingurgitais sans aversion étaient le pain (même sec ou rassis), et les sucreries. Pourtant, lorsqu'ils me forçaient à manger le chocolat *avec* le pain, tout était gâché. Le fait de désirer exclusivement le chocolat, être obligée de l'associer à un autre aliment, voilà qui pourrissait tout. Ils me demandaient si j'en voulais encore. Comment répondre ? De toute façon, ils disaient : *Il faut finir, hein, j'en ai encore dans mon sac !* Et ils m'en donnaient à nouveau. Du pain *et* du chocolat. Je prenais. Je ne disais rien. On ne parle pas la bouche pleine.

En revanche, lorsque le besoin de manger se manifestait, je rêvais de pâtes et de pain, d'un sandwich aux pâtes, un gros pavé blanc, allongé, sans odeur et sans saveur, sans sauce, ni viande, ni rien d'autre. Un produit qui se mangerait lentement et qui occuperait mon estomac pour un bon moment. Après ça, j'aurais envie de dormir et je ne penserais à rien. On se moquait de moi *un sandwich aux pâtes ! c'est n'importe quoi !* Juste des pâtes chaudes, dans du pain frais, nature. Neutre. Ni dégoût ni plaisir. Je n'en ai jamais mangé. J'en ai rêvé parfois.

Les bonbons et les sucreries, je pouvais les associer aussi : fraises en sucre avec smarties, sucettes roses et malabar, puis un petit carambar, un ou deux nounours. Je n'étais même pas grosse, on me trouvait maigre, mais les caries taraudaient l'émail de mes jeunes molaires. Pourtant, je les nettoyais soigneusement, durant les trois minutes mesurées par les cristaux liquides de ma montre à quartz. Les adultes insistaient lourdement pour qu'on se les brosse. Le goût du dentifrice méritait cet effort. D'autant plus qu'il était associé au plaisir intense de tout recracher dans le lavabo.

Ensuite, je déballais encore un bonbon avant de me coucher. Sucer du sucré, voilà qui remettait mes idées en place, voilà qui me soulageait provisoirement. Le moment de l'endormissement prenait un goût privilégié, un goût magique que j'appréciais couchée, d'autant plus apaisée qu'il n'y avait rien à avaler.

12. *Le mauvais goût*

J'ai décidé d'aller dans un autre club, sans Luc. Il est vingt-trois heures. Un couple mal assorti boit tranquillement à l'une des tables proches du bar. Ils sont seuls. Je ne les observe pas. Je profite de ce moment pour bavarder avec Mathieu, qui m'accompagne sans équivoque. Nous avons déjà couché ensemble. Nous ne sommes pas exclusifs. Nous discutons tout en inspectant chacune des salles, histoire de vérifier qu'il n'y a personne d'autre. Cet endroit est conforme au bon goût en vigueur. Des roses fraîches et rouges s'épanouissent sur des consoles en fer forgé, des canapés dessinent des formes épurées, des tentures épaisses réchauffent les murs de pierre. La clientèle est filtrée à l'entrée. Quelque chose me dérange. Je n'éprouve pas ici la sensation oppressante qu'imposent les clubs plus populaires. La tension inédite des lieux hantés par des personnages essentiellement motivés par leurs besoins, bien avant leur désir, n'habite pas cet endroit. J'ai toujours associé l'urgence sexuelle et ses manifestations au mauvais goût – et j'aimais le mauvais goût. La pornographie cinématographique en est largement imprégnée. Les magazines spécialisés de même. Les prostituées et leurs exagérations vestimentaires révèlent un talent étonnant qui sublime la vulgarité. Elles inspirent les stylistes de haute couture. Les films que je préfère recourent aux environnements les moins confortables et les plus obscènes. Les couleurs criardes et les personnages qui les arborent sont porteurs d'un appel au sexe, d'une période de rut chez l'être humain le plus commun. Lorsque la parade amoureuse est transgressée par l'excès, elle devient fascinante, par-delà le bon et le mauvais goût. Ici tout est nuancé et rien n'est écœurant – voilà sans doute ce qui me dérange, ce qui justifie mon malaise. Être ici pour son plaisir ? Un plaisir de bon ton ? C'est ce que je trouve contre nature, dissonant et fallacieux.

Le couple nous rejoint. Mathieu questionne la jeune femme, histoire de bavarder. Elle n'est pas terrible, jeune mais arrogante, habillée en pouffiasse qui se la joue (jupe serrée qui moule ses bourrelets, corsage transparent en tissu brillant, attirail de breloques bruyantes). Elle détonne avec la décoration intérieure. Sa voix révèle une nature nerveuse et condescendante. L'homme qui l'accompagne, en revanche, est plutôt séduisant, grand et discret. Leur appariement n'est pas très heureux. Mathieu commence à tripoter la fille qui se laisse faire. Je vais l'imiter. Prendre les devants. Attaquer l'affaire. Le type reste assis sur le matelas. Il me plaît. Pas la peine de parler. Je m'installe tout près de lui. Je glisse ma jambe contre la sienne. J'évite de regarder son visage et je pose ma main à hauteur de sa taille. Je caresse sa poitrine. Je me prends pour un homme. Je le drague. Je le prends comme une fille. Je déboutonne tranquillement sa chemise en partant du haut. Il m'attire de plus en plus. Les deux autres parlent fort. Ils nous demandent de leur répondre. Ils veulent discuter encore. La fille se rapproche de son compagnon et s'assied près de lui, de l'autre côté. Elle veut marquer son territoire que j'estime trop précieux pour elle. Elle l'embrasse. Elle m'énerve. Elle ne me plaît pas. Elle place ses cuisses dodues sur celle du garçon et exhibe la bordure réticulée de ses bas. Il caresse ses hanches par-dessus sa robe. Je persiste à approcher ma proie, en douceur. J'oublie la présence du parasite. Ma main descend entre ses cuisses. Il bande. Son amie devient plus énergique. Elle sort brusquement la queue de notre homme et le masturbe comme une pro. Ses bracelets font un cliquetis désagréable. Elle se penche pour approcher sa bouche. Trop tard !

Je me relève aussitôt. Elle a tout saboté. Notre homme ne se remettra pas de sitôt de son éjaculation. Je suis déçue. Il me plaisait. On était bien jusqu'à ce qu'elle arrive. Je bouge pour me lever et je souris au garçon qui dit qu'il est désolé. Maintenant qu'il est perdu, il me plaît encore plus. D'autres personnes sont arrivées. Une fille très jolie cherche un sèche-cheveux. Elle dit qu'elle revient de la piscine, elle n'en finit pas de se justifier... Elle doit avoir une vingtaine d'années. Le type qui l'accompagne est plus âgé, pas trop mal. Je vais au bar chercher des préservatifs pour Mathieu qui n'ose pas. Un type me coince contre sa femme. Ils sont bien tous les deux. Surtout elle. Le type me demande si je préfère les hommes ou les femmes. Je ne sais pas quoi répondre. Je crois que je n'aime rien, et ça ne se dit pas trop. Ils me demanderaient alors ce que je fabrique ici, et ils seraient déçus de savoir que je ne m'y trouve ni sous la contrainte, ni pour l'argent. Ça prendrait trop de temps pour essayer de me faire comprendre. En plus ils doivent s'en foutre complètement. Alors je rigole bêtement. Mathieu me tire par la main, il a repéré une fille qui lui plaît. Elle se laisse prendre sans coquetterie, en geignant régulièrement. Il attend son tour. Les gémissements et les poses lascives m'exaspèrent. Tout le monde se touche et se sourit. C'est affreux.

*

J'ai longtemps éprouvé des difficultés avec la viande. L'odeur d'abord : grillée ou poêlée, c'est toujours une cuisson qui fume et qui pue. Puis il faut la découper, la trancher en tout petits morceaux. Ils demandaient *tu sais couper ta viande* comme si c'était un signe de maturité. Lui était grand parce qu'il savait le faire tout seul. Elle était petite parce qu'elle ne pouvait pas. J'étais entre les deux. J'avais constamment des problèmes avec mes couteaux. Le mien n'avait jamais la lame aiguisée, ou alors ses dents arrondies s'avéraient plus décoratives qu'efficaces. Je me demandais si ce n'était pas une machination. Ceux de mes voisins paraissaient toujours plus efficients. Le mien ne tranchait pas. Les lames des autres émettaient leur stridence sourde au contact de l'assiette. Ce son coupait toute envie, quelle qu'elle fût. Mes dents grinçaient. Avant de parvenir à détacher un morceau valable du pavé imposé, il fallait l'enfourcher. Les piques de l'instrument perçaient les trous par lesquels le sang suintait, rouge profond, au-dessus de la chair marronnasse. Alors j'activais le couteau, tant bien que mal, jusqu'à ce que sa lame rencontre le Pyrex translucide. Il fallait continuer d'appuyer de l'autre main pour bien faire pénétrer la bouchée et la soulever jusqu'au palais. Enfourner. Mâcher. Mâcher longtemps. Je me trouvais tellement accablée par l'action répétitive de mes mandibules que j'avalais souvent le gros morceau tel quel. Je souffrais un moment, je pensais étouffer. Toute ma gorge restait bloquée et serrée, puis j'avalais. La tâche devenait moins rude avec du steak haché – sauf que ça puait toujours. Puis le sang s'accumulait en petites flaques sur les bords de l'assiette. Les autres y trempaient leur pain. La mie devenait rouge et ils la mangeaient. Pour les côtelettes, nous disposions de l'insigne privilège de les attraper avec les doigts. Je n'avais pas envie d'y toucher. Je découpais soigneusement le cœur avec mes instruments, en écartant tout morceau de gras : trois bouchées au total. Oui, j'avais terminé. Ce qui restait ?

– C'est l'os.

– C'est le meilleur, petite imbécile !

On donnait mes restes à celui d'à côté. Il s'en emparait de ses doigts gluants et rongeait les bouts de gras. Il allait falloir que je m'habitue à ce mauvais goût. Pour ne pas faire d'histoires.

13. *Goûter pour voir*

Luc désigne une jeune femme blonde. Elle est installée sur un canapé, seule. Pantalon de cuir, chemise noire, ses jambes sont croisées. Elle fume. Je m'assieds près d'elle. Elle pose la main sur ma cuisse puis elle se glisse sur moi. Elle m'embrasse. Elle caresse ma nuque. Elle s'installe à califourchon sur mes genoux. Elle enfonce sa langue dans ma bouche. Elle joue à l'homme. Elle porte des cheveux courts. Elle est jeune. À peu près mon âge. Elle m'emmène danser avec elle, sur *Only you*. Les hommes nous regardent. Les femmes aussi. Luc fait une drôle de tête. Qu'est-ce que c'est que cette fille ? J'ai l'impression de la connaître. Avant la fin de la chanson, elle me prend par la main et m'entraîne dans un couloir. Un groupe de trois femmes l'arrêtent. L'une d'elles, cinquante ans, caresse sa joue et lui parle *c'était bien tout à l'heure, hein, ma chérie ?* Ma blonde sourit, retire la main de la bonne femme et m'entraîne vers un matelas. Elle s'allonge et retire vigoureusement son pantalon. Elle porte un body en dentelle, des bas et des porte-jarretelles. La totale. Luc arrive, suivi d'une meute de types. Un jeune brun s'approche de nous. Apparemment, c'est le compagnon de la fille. Moi je ferme les yeux et je ne veux plus bouger. Ça m'agace d'être ici et de ne pas pouvoir me sauver. Mes énervements me paralysent. Je fais tout à l'envers. Je suis prisonnière d'un blocage qui m'empêche de dire non, de partir, ou de rire. Alors je laisse faire, encore. C'est comme une maladie, une emprise. Je compte sur une saturation pour m'affranchir. J'espère exploser, sans réfléchir. La blonde n'est même pas moche, tout au contraire. Elle est sur moi et elle m'embrasse. Ma robe est ouverte sur le devant. La fille me touche partout, alterne douceur et brutalité. Son ami s'en mêle. Il la prend peut-être, je ne sais pas. Elle s'occupe toujours de moi. Je suis sa poupée et je n'aime pas les poupées. Je ne suis plus avec moi. Luc s'approche davantage. Il attrape mes chevilles et me fait glisser vers lui. Il me pénètre d'un seul coup. La fille continue de m'embrasser partout. J'ouvre les yeux. Il y a foule et c'est dégoûtant. Des affreux se tripotent mollement. Je les regarde et je supporte. Qu'est-ce que ça fait de se retrouver dans des trucs pareils ? Ça rend la banalité plus supportable ? Ça va me donner envie de changer pour de vrai ? Je voudrais être ailleurs. Une femme avec des seins énormes essaye de s'incruster. Ses mamelles sortent de son bustier trop serré. Elle sent fort le parfum, une odeur piquante. Elle prend mes mains pour que je touche sa poitrine volumineuse et molle. C'est une mère de famille. Son bonhomme la tire par-derrière. Ma blonde se fait prendre à son tour, par son copain, tout près de moi. Nous sommes désormais côte à côte. Il a pris ma main et écrase mes doigts. Il jouit en la prenant. Il écrase encore mes doigts. La fille se redresse et se rhabille. Il y a trop de monde autour de nous. Luc se retire de moi. Il vire sa capote. Il éjacule sur mon ventre. Voilà. C'est terminé. Je peux me relever. Je vacille. Ils tentent de me toucher. Des mains partout. Je cherche mes chaussures. Luc me les apporte. Il m'emmène aux lavabos. Je me nettoie un peu. Il dit qu'il ne savait pas que j'aimais les filles. Je réponds que je n'aime pas les filles. Il fait mine de ne pas comprendre. Comment pourrait-il supposer que je ne fais rien de ce que j'aime ?

*

Un jour ce fut plus fort que moi. Je fis un bond de ma chaise et j'éructai. C'était dans mon assiette, contre les arêtes. Mon couteau l'avait touchée : une masse grise et bombée. Qu'est-ce qu'il y avait là-dedans ? Et si je l'avais ouverte avec ma lame ? Je caressai longuement cette idée insoutenable. Je savais bien que les poissons étaient pires que la viande rouge. D'accord, ils sont blancs lorsqu'ils sont bien préparés ; ils sont inodores lorsqu'ils sont bien frais ; dans ces conditions idéales, le poisson peut devenir supportable. Mais la plupart du temps, il faut bien le reconnaître : les poissons morts se présentent puants et révulsants. Et leurs yeux ? Vraiment : il y en a qui les mangent. Et quand on me dit comme ça, pour faire son malin, quand on me dit *le morceau le plus fin, chez le poisson, son morceau le plus savoureux, le sais-tu ? Ce sont ses joues*… Et alors ? Qu'est-ce que ça peut bien me faire ? Les joues du poisson, les cuisses de la grenouille, l'escargot dans sa coquille, la langue du bœuf, le foie du veau, la cervelle du mouton, le cœur du poulet, les tripes, la laitance. *C'est de la laitance ! Goûte !* Voilà ce qu'ils m'ont dit. Ils étaient tous agacés par ma répulsion.

– Tu peux la manger. Il y a des gens qui en raffolent.

– C'est une maladie ?

– Mais non ! Goûte au moins ! C'est quand les poissons ont leurs règles.

Dans le dictionnaire ils avaient écrit : « *Laitance* : matière blanchâtre, molle, constituée par le sperme du poisson. » J'ai laissé ma sole.

14. *La dernière station*

Le téléphone sonne. Je suis sûre que c'est Luc. Je ne veux plus le voir. Le répondeur se met en marche. J'entends sa voix. Je me sens lâche. Je décroche. Je n'ai pas du tout envie de lui parler. Je me force, comme si c'était pour mon bien. Il veut qu'on se retrouve tout à l'heure. Je dis que je suis fatiguée. Il proteste. Je lui ai déjà fait le coup dimanche. Pourquoi ai-je décroché ? Je ne peux pas lui dire non. Je ne suis pas encore décidée à rompre vraiment. Je suis tiraillée. Quelque chose de lui m'attire encore. Il me parle de son ton affable. Il insiste. Je dis oui puisque je ne peux pas m'affirmer. Je dis d'accord parce que je me déteste comme ça. Et ça me donne une raison supplémentaire de me haïr davantage, une bonne raison pour changer. Y prendrais-je du plaisir ? Je trouve d'autres raisons spécieuses pour justifier mes actes contradictoires. Je pense à vérifier – vérifier que je ne veux plus de lui. Être certaine d'avoir eu la bonne dose, rassasiée de tout ce qui me dégoûte. Je répète *d'accord*. Il sonnera de son portable quand il arrivera en bas de chez moi. Je descendrai. Je me change. Je regrette d'avoir dit oui. Je mets des bas. Je garde mon pull.

Il fait des remarques :

– C'est pas très pratique, ce pull !

– J'ai une jupe courte…

Il conduit, soupire. Il cherche à discuter, à parler d'autre chose. Le travail, l'argent, les impôts. Il me questionne. Je suis évasive. Enfin, il annonce qu'il a trouvé un plan minitel.

– Tu pourrais humilier quelqu'un ?

– Ça ne me plaît pas…

– Mais si c'est ce qu'il veut ?

– Ça ne me plaît pas…

– Avec le vieux de l'autre jour tu n'as pas discuté…

Je me tais.

– Tu aimerais pisser sur quelqu'un ?

– J'aime pas tes questions. On le fait ou on se tait.

– Tu ne me demandes même pas où on va… Je te signale que nous allons chez un jeune homme qui veut se faire humilier par un couple. Tu sauras l'humilier ?

– Non. Je ne le ferai pas.

– Moi je veux que tu le fasses. Et c'est moi qui décide. Et puisque c'est son désir, puisque c'est justement ce qu'il veut…

– Alors c'est lui qui décide…

– C'est nous… Tu sais bien que je fais tout ce que tu veux – même si tu ne t'en rends pas compte : je sais ce que tu veux réellement, moi !

Il est fou. Il se gare.

– On est arrivés. Je compte sur toi.

Il m'embrasse sur la joue. Je laisse faire. Huitième arrondissement. Le type devrait nous attendre dans le hall. Il n'y a personne. Nous ressortons. Il fait nuit. Tout est désert. Nous vérifions le numéro de la rue. Nous retournons dans l'entrée. Il est là : jeune et grand, lunettes ; visage sans attrait, la peau stigmatisée par une acné résorbée. Il pourrait être beau, il ne l'est pas. Quelque chose le rend fade. Ses yeux sont noirs et grands, éteints par sa gêne et son sérieux. Un couple de vieux sort de l'ascenseur *bonsoir.* Le type ouvre la porte de son appartement au rez-de-chaussée. Nous sommes chez lui. Il veut nous faire asseoir au salon. Je passe la première. J'aperçois deux épées fixées sur le mur, un livre sur les rois de France posé sur la table basse.

– Attendez, dit Luc.

Il est retourné sur ses pas pour ouvrir la porte d'entrée. Il nous entraîne en dehors de l'appartement. Il demande d'un ton méfiant :

– Il n'y a pas un autre endroit où nous puissions aller ? Un parking, une cave ?

– Non, non. Nous serons mieux chez moi. Venez.

Nous retournons dans l'appartement. Luc insiste :

– D'accord, mais on reste dans le couloir.

– Comme vous voulez.

Nous nous regardons en silence. Je suis adossée au mur. Le type se tient les mains et Luc garde la sienne sur la poignée de la porte.

– Eh bien… expliquez à mon amie ce que vous attendez, ce que vous aimez…

Le garçon se tourne vers moi. Il évite mon regard.

– J'aime être humilié, insulté, et j'aime observer les couples…

Luc me demande d'exiger des choses de lui. Le type le regarde bêtement. Il attend. Il doit avoir mon âge.

– Mettez-vous à genoux.

Je prends une voix très douce, pour édulcorer le commandement :

– Défaites votre pantalon. Branlez-vous.

Maintenant il plante ses yeux dans les miens avec une expression de gamin exalté. C'est insupportable.

– Ne me regardez pas.

Il déboucle sa ceinture. Je déteste sa figure. Je lui commande de regarder sa queue. Luc soulève ma robe et commence à me caresser. L'autre observe. Je prends un ton plus ferme :

– Ne me regardez pas.

Il se met un doigt dans le cul et continue à se masturber. Personne ne lui a demandé de se toucher là. C'est comme s'il exhibait sa liberté d'agir, comme s'il nous narguait. Je poursuis :

– Enlevez votre chemise…

Il obéit. Apparemment, il commence à jubiler. L'expression sur sa figure est plus obscène que la situation. Son torse est beau. Il est bronzé et vigoureux. Luc me demande à l'oreille de lui interdire de jouir. Pourquoi passe-t-il par moi ? J'obéis. Luc parle plus fort en s'adressant encore à moi :

– Comment tu le trouves, à genoux comme ça à tes pieds ? Hein ? Comment tu le trouves ?

Je ne réponds pas.

– Qu'est-ce que tu penses de lui ? Allez, dis-le tout haut !

Je réponds :

– Rien.

Ma voix est faible.

– Dis-moi ce qu'il représente pour toi ? Hein ? Qu'est-ce qu'il est pour toi, ici tout de suite, avec son doigt dans le cul et la main sur sa queue ? Qu'est-ce qu'il est pour toi ?

Je réponds doucement :

– Rien…

– Qu'est-ce que tu penses de lui ? Hein ? Qu'est-ce que tu penses de lui ?

– Je pense pas.

– Parle plus fort. Hein ? Qu'est-ce que tu penses de lui ?

– Je m'en fous.

L'autre me regarde encore avec son air de contentement exalté. Luc soulève mon pull.

– Regardez-la maintenant. Comment vous la trouvez ? Comment trouvez-vous ses seins ?

– Petits, dit l'autre.

Il est toujours à genoux avec sa queue en l'air. Je pourrais mettre un coup de pied dans sa gueule de niais. Mais ce n'est pas lui que je devrais frapper. Luc s'approche de mon oreille et chuchote :

– Demande-lui de lécher tes pieds.

J'en ai assez. Ce n'est pas drôle. Je ne suis pas dans leur délire.

– Demande-lui de lécher tes pieds.

Je ne bouge pas.

– Léchez-lui les pieds, demande Luc à voix haute.

L'autre obéit. Il passe sa langue sur mes chaussures. C'est pénible. Il est à quatre pattes et tire la langue. Je voudrais m'en aller. Je ne peux pas. Je suis coincée. Luc me tient. C'est très lourd.

– Respirez-la, maintenant. Respirez son odeur.

Le type continue comme un chien. Puis Luc change de voix. Comme s'il ouvrait une parenthèse dans cette comédie pas drôle, il demande à l'autre :

– Vous voulez bien qu'on vous fouette ?

Alors, je me retiens de rire. C'est nerveux. Notre homme dit oui avec la tête. Luc lui demande sa ceinture. L'homme la fait glisser de son pantalon, puis il la tend à Luc qui la met dans mes mains. Je m'étonne de le frapper comme ça, sans retenue. Il lèche à nouveau mes chaussures.

– Demande-lui de se redresser, dit Luc.

Je parle :

– À genoux.

– Demande-lui de jouir, vite…

– Jouissez maintenant. Allez !

Il éjacule sur son ventre, au doigt et à l'œil. Luc ouvre la porte de l'appartement. Nous sortons aussitôt. Même pas au revoir.

Luc soupire et prend ma main *c'était grave non ?* Et moi je dis oui. Je ris avec lui. Je me laisse gagner par le soulagement. Me voilà gentille avec Luc. Je le remercie presque. Je m'aperçois que j'ai perdu totalement le contrôle de mon comportement. J'agis dans tous les sens, interdits et contradictoires, sadiques et masochistes. Je ne marche pas droit. Je suis perverse. Luc dit qu'il ne peut pas se coucher tout de suite. Il décide d'aller dans un club, dans un nouveau club. Il dit qu'il veut me voir avec une fille *bonne idée* je dis. Pourtant je ne veux pas. Je ne veux pas de fille. Je ne veux pas de Luc. Je laisse faire. Qu'est-ce que j'ai ? Il prend ma main. Je ne peux pas dire non. Et je suis contente de me laisser faire. Où suis-je ? Je suis hors de moi. Je suis énervée : mes nerfs ne réagissent pas.

Nous arrivons. Nous descendons. Nous retrouvons plusieurs couples. Nous buvons un verre. Nous sommes seuls au bar. Luc parle de la déco. Il balance des noms de designers. Il repère un gros avec une fille plutôt jeune. Nous bougeons pour nous installer près d'eux. Ils nous disent qu'ils viennent de province. Il pue l'eau de toilette. Elle s'appelle Coralie. Elle est docile mais n'a pas l'air d'apprécier la soirée. Nous nous regardons, silencieuses. Les hommes discutent entre eux. Je pose la main sur la cuisse de Coralie. Elle esquisse un sourire las. Peut-être qu'il la paie. Je lui roule une pelle. Les mecs ont l'air contents. Moi je ne me fais pas payer. Je ne fais pas la gueule non plus. Je me demande encore ce que je fais là et pourquoi je suis comme ça. Luc a sorti sa queue. Il se branle en nous regardant. Le gros touche un peu mes seins. Il souffle fort. Je continue à embrasser la fille. Je la caresse, je défais son corsage. Elle a mis sa main sous ma robe. Elle regarde dans le vide. Elle tourne son visage vers moi. Elle plante ses yeux dans les miens. Nous ne parlons pas. Pas la peine. Elle esquisse un autre sourire. Elle soupire. On dirait qu'elle veut me dire quelque chose. Je me sens comme elle. Pire. Elle ouvre la bouche, approche de mon oreille. Je voudrais qu'elle ait plus de courage que moi. Je voudrais qu'elle me dise *viens, on les plante. On dégage !* Moi je dirais O.K. à Coralie, et pour une fois je serais vraiment d'accord.

Elle parle :

– Mets-toi dans l'autre sens.

Elle s'installe pour un soixante-neuf. Je ne peux pas. Je n'aime pas les filles. Je jette un regard à Luc. Il me remplace. Il y va. Il la prend. Le gros m'attrape. *Échange*. Il veut me tirer puisque Luc a pris la sienne. Il croit que je suis à lui. C'est le prix à payer pour que Luc ait la fille et soit content. Moi je ne le suis pas. Je ne veux pas sucer le gros. Il agite son nœud suintant tout près de moi. Il appuie sur ma tête pour me forcer. Je m'écarte de lui. Il proteste. Il se précipite sur Luc et Coralie. Il veut les interrompre. Le contrat n'est pas respecté. C'est ce qu'il pense. Luc jouit à ce moment. Ça agace le gros davantage. Il prend Coralie par la main et la traîne vers le bar. Luc me regarde, on rigole.

– Il était répugnant non ?

– Pas elle.

– Il la paye, c'est sûr.

– Tu l'as eue pour rien.

– Tu aurais pu l'avoir aussi.

– Mais j'en voulais pas !

– Tant pis pour toi. En tout cas, moi, j'ai passé une super-soirée.

Il me regarde dans les yeux, il me dit qu'il m'aime, que je le rends heureux. *C'est bien, au revoir.* Je monte l'escalier, enfin seule. Je crois que j'ai eu mon compte. Je sais ce que je n'aime pas. Je ne veux plus de ce que je n'aime pas. J'ouvre la porte. Je me déshabille. Je me suis toujours attardée sur les choses que je trouvais immondes. Comme un réflexe. Je pensais que les jolies choses ne me fascineraient jamais. Je pose mon derrière sur la lunette, mon coude sur mon genou, ma tête sur ma main. Je décide que c'est terminé. Je suis très calme. Je ne reverrai plus Luc.

Je me souviens de notre rencontre. Je mangeais des pâtes dans un train. C'étaient des pâtes grasses et trop cuites, réchauffées au four à micro-ondes, assaisonnées d'un mauvais coulis de sauce tomate concentrée à l'arrière-goût amer et métallique. Je revenais d'Italie. Je me demandais si les wagons-restaurants accordaient systématiquement leurs menus avec le parcours. Pour faire passer la sauce, j'avalais quelques bouchées du petit pain trop sec que j'avais payé le prix de deux baguettes bien fraîches. Du pain avec des pâtes. Du pain sec avec des pâtes trop cuites. Je songeais à rétablir un équilibre. Luc passait et repassait derrière moi. Il faisait nuit. Je l'observais dans le reflet de la vitre du wagon-restaurant. Il me regardait avec insistance. Puis il se planta derrière moi et ne bougea plus. Je me suis retournée, la bouche pleine. Il m'a questionnée :

– Qui vous laisse manger une si mauvaise nourriture ? Vous êtes seule ?

Je n'ai pas répondu. J'ai avalé. C'était drôlement gentil de s'intéresser à ce que je mangeais. Il voulait que je me nourrisse mieux. Il disait que quelqu'un comme moi devait manger les meilleurs produits qui sont sur la Terre. Pourquoi moi et pas l'autre assise tout près, là, elle mangeait le même plat ? Je savais bien pourquoi : il me convoitait. J'admirais les personnes qui savent ce qu'elles veulent et qui n'hésitent pas à se servir. Je me demandais d'où leur venait cet instinct dont je me croyais privée. Je voulais me superposer à leur image. Je venais de rencontrer quelqu'un qui savait et qui affirmait que j'avais besoin de me nourrir autrement. Il avait tapé juste. C'était énorme, gros comme les toutes petites maisons éclairées que notre train snobait, à toute vitesse. J'étais sous le charme. Je lui laissai mon numéro. Puis le train entra en gare. Nous étions arrivés à Paris. Je prendrais le métro. Je descendrais à la quatorzième station. Et je serais de retour chez moi. Alors je rangerais mes affaires et ma vie chercherait son cours.

Je me sens soulagée. Une masse insolite se propulse contre la faïence. Mon ventre est léger, dégagé. J'observe l'objet : il est compact et sa couleur me plaît. Je tire la chasse.

Troisième partie

L'appétit

If you're feeling sinister
Go off and see a minister

Belle and Sebastian,
If you're feeling sinister

Premier jour

Difficile de refuser. C'est du lapin. J'étais parvenue à y échapper jusqu'à maintenant. Je m'étais protégée sur ce point, au moins. Je n'avais jamais trahi ma répulsion. Je m'étais arrangée pour n'en manger jamais, sans faire d'histoires. De toute façon, c'était comme pour les huîtres, ils préféraient toujours se partager une portion supplémentaire. Ils ne me forçaient pas *c'est tellement bon*. Aujourd'hui, vendredi, treize heures vingt, plat du jour : lapin à la moutarde *on n'a plus de morue, messieurs dames*. L'homme avec lequel je suis forcée de déjeuner pour des raisons objectives en a commandé deux, sans me consulter. Je n'ai pas osé le contrarier. Et puis tout s'est déroulé trop vite…

– Tu aimes le lapin, n'est-ce pas ?

– Bien sûr…

Je hausse les épaules. C'est nerveux. Ils m'apportent une petite salade de tomates, bien fraîches, bien rouges et bien assaisonnées. Le vert profond des ciselures du persil excite le vermillon tragique de la chair du légume, tranché comme il se doit. Je voudrais me fondre à la limite de la rencontre du rouge et du vert. Me noyer dans le persil, à moins que ce ne soit du basilic. J'avale du pain, pour juguler mon appréhension.

Nous discutons. Je ne l'aime pas. Il est autoritaire et souvent injuste. J'enfourne une bouchée. Il exagère tout. C'est du basilic. Il généralise constamment. Il est pénible. Je ne lui réponds pas. Je déjeune avec lui par obligation. Il m'impressionne pourtant. Je sais bien qu'il voudrait me faire passer à la casserole, comme le petit lapin. Pour m'avoir il lui suffirait de commander en hurlant. Et moi je me laisserais faire, juste pour qu'il la ferme. Je ne serais pas dans mon corps. Je penserais à d'autres voyages. Je résiste rarement. L'indifférence me fait tout supporter. Et j'en ai assez de cette résistance passive. Autrefois j'en étais fière. Mais mon dégoût a raison sur tous les fronts. Je supplie néanmoins mon indifférence de ne pas me lâcher tout de suite. Après le déjeuner peut-être. Alors ça ira mieux. Quand j'aurai réussi à bouffer leur lapin. Elle s'en fout. Elle dit d'accord. Elle triomphe encore. Pourtant, j'aurais pu dire *non, je ne prends pas de lapin, donnez-moi plutôt une bavette à point.* Mais je n'apprécie pas particulièrement les bavettes – j'y suis seulement accoutumée… Du poulet ? Souvent mauvais dans ces restaurants. Et puis je ne supporte que le blanc – ils n'ont jamais que des cuisses dans ces endroits-là. Alors quoi ? – Alors j'ai bien fait de la fermer. Si mon interlocuteur apprenait que je n'ai jamais mangé de lapin de toute ma vie : il en saurait trop sur moi ; il se poserait des questions ; il me regarderait avec un autre air. Je ne tiens pas à me faire remarquer. Surtout pas sur des questions aussi intimes que ma virginité relative à l'ingestion des lapins. L'assiette arrive. Quelques coquillettes luisantes côtoient l'animal. Ne pas regarder. Bien obligée pourtant. Mais ça va. L'objet n'est pas répugnant. Le morceau n'a rien à voir avec l'image stéréotypée que je me fais des lapins (regard sympathique, oreilles et dents dressées à la verticale). Je n'éprouve aucune affection particulière envers les animaux. On peut les chasser, les tuer, les bouffer, cela ne m'a jamais interpellée. Non. Mon propre corps m'effraie davantage. Mon corps a besoin d'absorber d'autres corps. Il veut déguster des chairs qui furent animées, vivantes, plumées ou dépecées, vidées et cuisinées. Et leurs viandes peuvent pénétrer la mienne, se fondre dans mon corps, devenir moi et m'enrichir de forces provisoires. Qui mange qui ? J'inspecte discrètement la masse cuivrée, inerte et informe qui m'est présentée. C'est seulement la portion d'un animal qui a ruminé du gazon, puis qui l'a chié pour faire pousser les fleurs et les carottes que ses petits boufferont, qu'ils rumineront et qu'ils chieront. Moi aussi, je mange des carottes qui ont poussé dans la fiente des lapins. Et maintenant : je vais manger le lapin. Je me demande quelle est la partie du corps de l'animal à laquelle je suis confrontée. Après une observation scrupuleuse, je n'en ai aucune idée. Peu importe. La couleur du morceau est apaisante. Des reflets bruns caressent son galbe et me charment. Ils chantent en chuchotant. Ils s'adressent à moi : *Mange-moi.* Je découpe, j'enfourche et j'avale, l'air de rien. Mes perceptions demeurent indifférentes. Je ne sens rien. La peur bloque le contact. Je répète le geste, après une gorgée de vin. L'autre continue de parler. La tension de mon visage se relâche. La peau de mes joues se dilate comme pour un sourire. Je réponds sans y penser :

– Oui, oui, d'accord.

C'est plutôt bon. C'est même drôlement bon. Je recommence. Je ne change pas d'avis. Je termine mon assiette. Je suis stupéfaite. Je n'entends plus les monologues de l'autre. Je prends un café et je pars. Je dis que je suis pressée, que je vais être en retard. Je suis seule. Je marche vite. Je pense à ce que je viens de faire : j'ai mangé du lapin ! J'ai avalé un lapin qui disait *mange-moi.* Au pays des merveilles, Alice ne mangerait pas le lapin. Elle le rattraperait pour lui expliquer que rien ne sert de courir, qu'il faut partir à point. Mais je ne suis pas Alice. Il est quinze heures. J'ai mangé un lapin à point. Je suis en retard. Je marche encore plus vite. Je me sens légère. Il fait beau.

Je travaille jusqu'à l'heure convenue, puis je range mon bureau. J'enfile mon manteau. On me souhaite un bon week-end. Je me rends au supermarché avant de rentrer chez moi. Je ne suis pas dans mon assiette. Les lumières du sous-sol de la grande surface attisent mes perceptions. Chacune des présences humaines qui évoluent à ma proximité mobilise mon attention. Nous sommes tous apparemment vivants au même moment, et nous déambulons, la figure insouciante, accrochés à nos caddies roulants. Les airs de rien triomphent devant les tranches de chair affaissées dans leurs barquettes de polystyrène et emballées sous vide par un plastique tatoué d'une date de péremption et de son code-barre. J'imagine les sécrétions des congénères que je croise, leurs désirs, leurs histoires, les liens qui les attachent aux personnes avec lesquelles ils partageront leurs courses et leurs repas. J'ai envie d'un homme. Après plusieurs semaines d'abstinence, c'est logique. Le besoin s'est installé. Il m'encombre. L'autosatisfaction est possible mais superflue : la masturbation n'y peut rien. Au contraire, elle exaspère le vide. Elle excite le manque. La réalité d'une satiété physique me paraît inatteignable. Ne serai-je jamais rassasiée ? Je m'installe dans la queue. Goûterai-je un jour le moment sacré qui me laissera penser que je n'ai besoin de rien ; un état pour lequel le seul manque sera celui du manque ? J'ai toujours soif, faim ou sommeil. Ou bien j'ai froid et puis j'ai chaud. Les moments de jouissance ne valent pas ceux qui les précèdent. *Nous voilà, pour la satisfaction de tes désirs et de tes besoins. Nous promettons une efficacité implacable et inévitable. Elle durera ce qu'elle durera. Reste éveillée pour ne rien manquer. Sois sur tes gardes. Profite de nous* – et l'autre est dur en moi. Je paye à la caisse. Ces moments sont les seuls qui m'apaisent, avec ceux de la déglutition, parfois, lorsque je mange de bonnes choses. Ils sont brefs et furtifs. Toute ma vie pour ces moments-là. Ils passent. Puis il faut tout recommencer (mais ils m'ont transformée). Je voudrais leur consacrer mon temps. Les appeler, les séduire, les goûter, me rassasier, les raffiner et les partager. Pour le moment, je souffre de ne pas savoir les prévoir. J'emplis les sacs en plastique. Les symptômes du manque reviennent régulièrement, quinze jours après les règles. Mes seins commencent à gonfler. Ils deviennent lourds et plus forts. Je change de taille de soutien-gorge. J'ai besoin de bouger. Je ne tiens pas en place. Il faudrait faire du sport, épuiser mon corps. Mais le désir resurgit plus violemment sur un terrain échauffé. C'est insupportable. Et puis cela devient un jeu. Mon attention descend dans le bas de mon ventre. J'éprouve une tension musculaire, pourtant il n'y a pas de muscle, il n'y a rien : un vide. Avec un peu de concentration, une contraction orpheline naîtra d'elle-même, sans effort. Nul besoin d'excitation mentale avec des souvenirs ou des images – c'est mécanique. Plus haut dans le ventre aussi, je suis en attente, c'est une attente nerveuse et tendue. La faim n'est pas si physiquement précise, mais elle est proche.

J'arrive chez moi. Je range les aliments dans les placards et dans le réfrigérateur. Simon me téléphone. Il me propose de dîner avec lui. Pourquoi pas ? S'il me tente, je le prendrai, histoire d'apaiser mon organisme. Je me change, je me maquille et je le rejoins. Ce soir, je vais tenter d'apprécier les aliments. Je vais être attentive et choisir ce qui m'attire le plus, ce qui me donnera le meilleur plaisir. J'irai à l'encontre de mes habitudes. Les autres, ceux qui mangent au restaurant, savent ce dont ils ont envie. Ils étudient la carte, ils réfléchissent à peine : *Qu'est-ce qui me conviendra ?* Ils savent ce qu'il leur faut. Leur corps leur parle : *une viande consistante, une salade légère, un dessert fondant*. Le mien ne me dit rien. Il me dit qu'il s'en fout. Il dit qu'il est habitué à traiter ce que je lui impose. Il ne fait pas le difficile. Mais depuis le temps que je vis, j'ai bien remarqué qu'il y avait des plaisirs surprenants. Goûter le mets qui correspond à l'attente de mes sens. Associer deux saveurs, trois saveurs. Observer les couleurs de ce que je vais avaler. En respirer le parfum. Lier le tout avec une gorgée de vin, rouge ou blanc. Songer que les substances passeront à l'intérieur de moi, tout au fond, par les parois de mon estomac, circuleront dans mon sang, filtrées par mon foie. Je rejetterai celles qui ne sont pas saines. Les meilleures me donneront de la force et du plaisir. Logique ? Mon corps n'a pas de raison. Il a pris ses habitudes : ingurgiter et absorber, ravaler, ruminer si ça remonte. Je dois faire un effort dans le sens inverse, un effort pour que tout soit bon. Seulement voilà, tout de suite, j'ai envie de purée, histoire de me réchauffer. Une vraie purée avec des morceaux de pomme de terre, un peu de beurre, du persil, deux œufs au plat et un verre de beaujolais. C'est ce que veut mon corps. Or, dans ce restaurant de poisson, je ne vais pas faire un caprice. L'autre se soucie de mon plaisir :

– Choisis ce que tu préfères.

Je commande six huîtres et une sole grillée.

Simon parle sérieusement. Avant que son discours ne ralentisse, je lui pose une question, histoire de le relancer. Tant qu'il monologue je peux me concentrer sur ce que je mange. Mes huîtres sont belles, petites, vertes et luisantes. Je presse le citron, je goûte mon doigt. Je détache le mollusque et je le fais glisser dans ma bouche. J'avale d'abord le jus salé, ensuite la bouchée citronnée. La fraîcheur me donne envie de me baigner dans la mer, de me saouler au vin blanc. Je me souviens de la première fois que j'ai mangé une huître. J'avais quinze ans. Auparavant, je n'avais jamais eu le courage. Ce mollusque appartenait au groupe des rares aliments que personne ne me forçait à avaler. Comme pour le lapin, ils disaient : *elle n'en veut pas, tant mieux pour nous.* Leurs regards s'allumaient à l'idée de s'en partager davantage. Ils clignotaient en résonance aux lumières électriques du sapin de Noël qui perdait ses épines l'une après l'autre, pas loin de la table. L'huître les métamorphosait. Ils étaient bizarres lorsqu'ils les absorbaient, avides. Leurs bouches chuintaient, puis ils paraissaient satisfaits. Ils marmonnaient : *Mm, tu me passes le vinaigre à l'échalote...* J'observais les coquilles vides. J'appréciais le son mat qu'elles émettaient lorsqu'elles se rencontraient. Leur intérieur était nacré et ses reflets roses contrastaient avec la consistance glauque du mollusque. Comment pouvait-il contenir une matière tellement répugnante ? Quelles mystérieuses vertus étaient donc contenues dans cette chair émétique ? Alors, il fallut que j'y goûte. *Regarde, elles ne sont pas mortes, on les voit bouger lorsque la goutte de citron leur tombe dessus... Elles sont d'un vert semblable à celui des déjections nasales, et salées aussi... T'as déjà goûté tes crottes de nez ? C'est pareil, sauf que c'est vivant.* Ils me défiaient, ils tentaient de me dissuader. Ce qui m'encourageait. J'avalerais contre eux, sinon pour mon plaisir. Je leur ai demandé s'il fallait mâcher. Ils ont dit : *C'est comme tu le sens !* J'ai insisté : *C'est meilleur si je mâche ?* Ils me répondirent : *Fais un vœu, plutôt, si c'est la première de ta vie.* Alors j'ai souhaité tomber amoureuse, puis j'ai avalé l'animal. Je n'ai pas identifié clairement le moment du plaisir. Mais depuis ce jour, une envie d'huîtres me taraude régulièrement au début de l'hiver.

L'hiver vient de s'achever et Simon parle encore. J'attaque le second coquillage, après une gorgée de sancerre. Il me demande :

– Pas toi ?

Je ne veux pas parler. J'ai l'eau à la bouche. Je n'ai pas écouté ce qu'il disait. Ma fourchette est occupée.

– Si si, moi aussi...

J'avale. Mon attention est moins soutenue. L'huître passe sans plaisir. La troisième, pareil. Il m'a entraînée dans un bavardage. Alors je m'investis davantage dans la discussion que dans la dégustation. Je finis mon verre, mes huîtres aussi. J'attends le poisson. Je continue de réciter des histoires que j'ai déjà racontées à d'autres. Il me regarde dans les yeux. Qu'est-ce qu'il croit maintenant ? Je lui demande tout d'un coup :

– T'es pas d'accord ? pour vérifier s'il écoute ce que je dis.

– Si si, je suis d'accord. Mais tout de même…

Ma sole est arrivée, avec deux pommes de terre.

– Tout de même quoi ?

J'en profite pour le contredire carrément. Je lui fais une démonstration de très mauvaise foi, simplement pour dire le contraire de ce qu'il pense. Je voudrais l'agacer. Je n'aime pas cet air qu'il prend pour me regarder. Et il a gâché mes huîtres. J'ingurgite mon poisson sans faire attention. La première bouchée pénètre en moi sans me procurer la moindre émotion. Ni plaisir ni déplaisir. Pas même une arête. J'ai terminé. Je me suis énervée. L'autre reste courtois. *Mais si, prends un dessert !* Il grimace des sourires. Je prends l'air fâché et contrarié. J'insinue : *C'est pas grave, nous ne sommes pas d'accord, c'est tout.* Il lèche sa cuiller couverte de chocolat fondu. Ses dents sont marron. Je pioche une à une mes framboises dans leur coupelle. Nous ne parlons plus. J'ai un peu pitié. Je pense que je suis cruelle et méchante, gratuitement. Il paie l'addition. Il dit qu'il espère que nous ne sommes pas fâchés *mais non, à la prochaine, merci pour le dîner…*

Très bon dîner. Très bon vin. Ça n'a pas suffi. La présence de l'autre m'empêchait d'être attentive au moment de la dégustation. Comment percevoir ce qui m'arrive à l'intérieur tout en supportant le discours d'un autre, à l'extérieur ? Je n'y parviens jamais. Je devrais m'entraîner à manger seule. Objectif numéro un : réussir à trouver du plaisir en mangeant. Objectif numéro deux : partager ces moments avec un autre. Mais si l'autre me plaît : je perdrai tout appétit, j'aurai mal au ventre... S'il ne me plaît pas : je ne veux rien partager avec lui, sauf mon dégoût, à la limite... Quelqu'un pourrait-il imaginer combien la vie de mon corps me cause de tracas ? Et ces soucis m'angoissent. J'ai besoin d'aller aux toilettes. Je me dépêche pour arriver chez moi. Je n'ai pas voulu que Simon me raccompagne.

Tout en marchant, je me souviens d'un soir où Luc m'avait emmenée dans un bon restaurant. Il voulait que nous discutions, le temps d'un repas. Auparavant, nous n'avions jamais parlé de nos vies. Je me sentais gênée. Je ne voulais pas que nous fassions connaissance de cette façon. Physiquement nous étions complices, mais je redoutais de savoir qui il était. Je connaissais son corps, cela me suffisait. J'avais souvent espéré une relation de corps à corps, purifiée de tout sentiment. Un degré zéro de l'échange. Avec Luc, je m'en approchais. Je redoutais d'alourdir nos liens. Ils étaient fins mais néanmoins solides. Je ne voulais pas connaître celui qui tenait l'autre bout. Seuls les liens qui nous rapprochaient m'importaient. Je pressentais que la personne de Luc me déplairait. Nous nous promenions, l'un contre l'autre, sans nous connaître et sans nous juger. Alors, tout filait convenablement. Je jouais à l'autruche. Je craignais de le décevoir aussi. Mais en réalité, c'étaient des désillusions incontournables qui m'effrayaient. La réalité de son existence serait forcément fatale à notre relation. Nous nous installâmes à une table et je l'écoutai décider du menu. Je ne bronchai pas. Je me désolai en le regardant parler au garçon. Je ne l'avais jamais vu dialoguer avec quelqu'un pour autre chose qu'un plan. Je le trouvais impudique et trivial. Je ne pouvais plus m'empêcher de le juger. Les fils se cassaient. Tout était terminé. Il me posa beaucoup de questions. Il n'écoutait pas les réponses menteuses que je lui servais. Il avait commandé des steaks tartares pour tous les deux. Il insista pour préparer le mien. Je le regardai s'appliquer à faire la mixture. Il mélangeait la viande, le jaune d'œuf, les câpres et les condiments. Je me sentis très mal. Je rompais nerveusement les petits pains dans leur panier. Il me demanda d'arrêter. Je l'agaçais. J'aurais voulu partir, me retrouver en sous-sol. Il y avait de grandes baies vitrées tout autour de nous. J'éprouvais le sentiment d'être obscène. Tout le monde pouvait nous voir pendant que nous mangions. Je bus beaucoup de vin.

Je suis chez moi. Il est bientôt minuit. Je ne pense plus à Luc. Je me déshabille. Je me démaquille. Je me couche. Je songe à m'endormir. Le sommeil m'emmène au ciel comme personne, surtout après quarante jours d'abstinence. Durant ces périodes de manque, mes rêves peuvent me combler. Un contact avec un homme ou avec une femme s'établit tranquillement. Il n'est pas sexuel, il s'agit d'une approche. Parfois je peux me laisser prendre par un homme. Souvent ce n'est pas la peine. La montée du plaisir suit une progression impeccable, alors que mon corps dort. Mon ventre bat la mesure, puis je me laisse posséder. Je retrouve ma conscience avant le paroxysme, et je n'en reviens pas. Dans la réalité, je n'ai jamais connu de jouissance aussi forte. Mes rêves me transportent. Je me souviens d'un songe au cours duquel je suis montée tout en haut d'un beffroi avec quelqu'un qui me plaisait. J'ai été réveillée par le plaisir le plus amoureux de ma vie. Puis je me suis retrouvée seule, avec mon oreiller (en vérité, je ne suis jamais montée sur un clocher).

Deuxième jour

J'ai dormi toute la matinée. Je ne suis pas vraiment réveillée. Je fais les choses machinalement. Je me sens ailleurs, comme absente. C'est comme si je rêvais. Je me retrouve attablée à ce déjeuner familial. Ce qui pénètre à l'intérieur de mon corps m'incite à reprendre conscience. Pour le moment je mange du poisson. Ensuite, ils serviront de la viande. Avec l'entrée du début, sans parler des petits fours salés à l'apéritif, je n'en peux plus. Ça va durer jusqu'à dix-sept heures, puis ils voudront prendre le thé, avec des petits gâteaux, sans oublier les œufs au chocolat. Ils n'ont rien d'autre à faire. Moi non plus je n'aime pas les samedis. Quoi qu'il en soit, j'ai envie de goûter toutes leurs préparations. C'est une envie sans envie, un défi aisément supportable. Je réussis non seulement à me forcer (exercice pour lequel je suis désormais experte, sans aucun doute, je n'ai aucun mérite vu l'entraînement solide et complet auquel j'ai soumis mon organisme), mais je parviens, en outre, à apprécier cette activité. Le plaisir des saveurs est comblé, entretenu en sus par ma fameuse passivité, elle-même confortée par la torpeur que suscitent les absorptions orales. Je mange. Je m'endors à moitié. J'oublie mes idées pesantes. C'est moi qui deviens lourde. Je fatigue mon corps. Je lui donne du travail. Aucune douleur alvine ne peut m'atteindre durant cette occupation. Mon ventre ne me fait pas mal, il est trop occupé. Les autres sont très lents. Ils parlent entre chaque bouchée. Je ne dis rien. Je donne l'impression de les écouter. Je simule l'attention. J'attends qu'ils renouvellent les plats, encore et encore. Je pourrais partir : *Je ne me sens pas bien*. Je pourrais leur rappeler des choses sinistres, pour les écœurer : *Vous vous souvenez de l'histoire du Japonais qui a mangé sa copine ?* Non. Je me tiens correctement. Je mange avec politesse. Je dis que c'est bon. J'accepte qu'ils me resservent. Je défais le bouton de ma jupe. Je reprends du vin, toujours. Le sommeil me charme et m'appelle. Le temps passe plus vite. Je continue d'en mettre dans ma bouche. Je prends une attitude de satisfaction gourmande : *Oui oui, c'est délicieux*. Je ris à leurs blagues : *M. et Mme Mavallée…* Je reprends du fromage… *deux filles ? Oui ?* Il me faut encore du pain… *Rakel et Berthe…* Tout le monde rit. Le café arrive, *un petit œuf en chocolat ?* et les histoires graveleuses avec le digestif. On me reproche de ne pas être bavarde. Je réponds que c'est parce que je mange. Je sais que dans le dictionnaire il est inscrit : « *Digérer* : porter çà et là, classer, assimiler, endurer, souffrir. » Je décide de participer. J'invente une blague pour eux :

– Eddy a un père, comment s'appelle-t-il ?

– Dis-le. Vas-y, dis

– Gérer, M. Gérer… Eddy Gérer.

Je ris toute seule. Pas eux. Ils disent que c'est lourdingue. Nous nous levons. Nous nous embrassons, *Merci, au revoir.* Nous nous quittons.

Je rentre chez moi. Je dors beaucoup, pour de vrai. Je me réveille sur une drôle d'impression, un sentiment d'avoir touché le fond. Il est vingt heures vingt. Je prends une douche. Je me change. Je me maquille. Je me rends chez Sylvie que j'accompagne à une fête, ce soir. J'arrive devant sa porte. Je sonne. Elle ouvre et disparaît aussitôt. J'entre dans la cuisine. Son frère est installé à table. Il ne me regarde pas. Il ne me dit pas bonjour. Je ne m'assieds pas. Je m'adosse à un meuble. Je croise les bras. Je le regarde. Devant lui : divers papiers d'emballage, hamburger, frites, pâté, jambon, saucisson. Il termine son cheeseburger. Ses lèvres sont grasses. Il chiffonne le papier imprimé et le jette sur la table. Le papier se défroisse tout seul. Il ouvre un autre paquet de nourriture : de la viande hachée. Il en retire un petit morceau avec les doigts, le porte à sa bouche, remballe l'objet et en ouvre un autre. C'est du jambon. Sylvie traverse la pièce en soutien-gorge.

– Tu bouffes pas le jambon, c'est pour demain !

Il détache le gras d'une tranche et l'ingurgite ostensiblement après l'avoir balancé au-dessus de sa bouche.

Sylvie repasse. Elle lui tape sur l'épaule.

– Qu'est ce que je t'ai dit, crétin ?

– T'aimes pas le gras... Ça te donne de la cellulite...

La voix du garçon est tranquille, grave. Il se tourne vers moi, entre ses doigts sales et luisants transpire un autre morceau de blanc qu'il vient de détacher soigneusement d'une tranche. Il me montre du regard ce qu'il tripote depuis deux minutes et s'adresse à moi :

– T'en veux ?

– Non merci... j'ai déjà mangé...

Il porte ses doigts à sa bouche, ne répond pas, puis il continue à ouvrir et à fermer les emballages. Sylvie revient, très jolie et parfumée. Elle me demande ce que je pense de la longueur de sa robe. Je lui dis que c'est très bien. Son visage s'illumine. Elle raconte où elle l'a trouvée et combien elle l'a payée : *Génial non ?* Elle donne une claque sur la nuque de son frère et lui dit au revoir. Il sourit. Je voudrais me sentir comme elle. Parvenir à oublier les exigences de mon corps. Ne plus penser à manger. Ni à trouver un homme. Comment être repue ? L'état de satiété auquel j'aspire est-il inaccessible ? Est-ce un état morbide ? Alors ce serait la vie qui ne me convient pas.

Il est une heure du matin. Sylvie vient de me quitter pour une autre fête. Je me retrouve seule. J'ai préféré rester ici parce que j'ai croisé plusieurs garçons apparemment intéressants. À les approcher seulement, j'ai cessé de me poser des questions pénibles. Mais un problème demeure : ceux qui me plaisent ne sont jamais ceux qui me draguent. Car ceux qui me plaisent sont réservés. Sachant que les procédures d'avances féminines n'ont guère de succès pour initier une relation respectable, je réalise que je suis confrontée à un véritable problème de logique. Heureusement, j'ai bu suffisamment pour envoyer balader toute question logique et une voix dans ma tête déclare que, de toute façon, la vraie vie n'est pas si logique. Je suis prête à parler à qui me plaira, et il y a le choix. Ceux que j'avais remarqués discutent tous avec d'autres. Je déambule encore, mon verre à la main. Je repère une connaissance. Je n'ai pas envie de lui dire bonjour. Je la contourne par-derrière. Sursaut d'intérêt. Elle bavarde avec un garçon que je connais de vue. Il me plaît depuis longtemps. Je connais son nom. Il me regarde. Je me rends vers eux.

– Bonjour, Valérie, comment vas-tu ? (Bises.)

– Bla bla bla. Tu connais Nick, n'est-ce pas ?

– Peut-être. On a dû se rencontrer ?

Il hésite.

– C'est possible. T'es une amie de Valérie ?

– Un peu.

– Viens, tu vas me raconter…

Délicieux moment. Intérêt manifestement réciproque. Je ne suis pas complètement saoule. Je ne rêve pas. Je le dévisage et je souris, il sourit. C'est une interaction et c'est délicieux. Quelque chose passe, et ce ne sont pas nos bavardages. J'aimerais bien voir ce quelque chose se concrétiser de façon plus tangible, plus saisissante. C'est comme une urgence. Il me questionne. J'essaie de me rendre intéressante. Il ne m'écoute pas. Il me regarde. Je le fais parler. Il dit qu'il vient de Londres. Je distingue un très léger accent. Je voudrais trouver un point commun qui nous rapprocherait, un fait passé qui nous réunisse, un signe du destin, un baratin. J'essaie avec la musique, puisqu'il est anglais. Bien joué. Nous écoutions les mêmes disques quand nous avions quatorze ans. Nous avons le même âge ; c'était au même moment. Nous évoquons quelques concerts où nous aurions pu nous rencontrer.

– Tu habitais où à cette époque ?

– Dans la banlieue du nord de Londres.

– Ça c'est drôle ! moi je vivais dans la banlieue du nord de Paris !

Il hausse les épaules. Il faut que je me rattrape. Je ne me décourage pas.

– Tu te souviens de *No more heroes* ?

Les Stranglers font parler n'importe quel Anglais. Il s'agite. Son débit est intense. Il parle encore. Je n'écoute même pas ce qu'il raconte. Je le trouve beau. Il dit qu'il est temps de rentrer. Il propose de me raccompagner.

– J'habite tout près.

– Allons-y.

Des gens l'arrêtent.

– Tu t'en vas déjà ?

Il répond de sa jolie voix :

– Je dois me lever tôt demain.

Tout près de lui, je retombe en enfance. Je suis dans un conte et les fées sont avec moi. Devant l'ascenseur, son regard me pénètre encore. Il dit :

– C'est dommage qu'on ne puisse pas… tout de suite. On ne peut jamais… tout de suite. C'est idiot.

– On ne peut jamais quoi ?

L'ascenseur n'arrive pas. Il dit :

– Viens, on descend à pied.

Je le suis sans tomber. Nous sortons de l'immeuble. Il fait nuit et nous avançons côte à côte. Nous ne parlons plus. Je pose une question idiote et longue. Il ne m'écoute pas. Il me coupe la parole pour me demander pourquoi je vis seule. Je ne réponds pas. Je l'arrête.

– On est devant chez moi, voilà !

Alors il m'embrasse comme dans les films : je suis une princesse, j'entends des cloches. Tout est beau. La vie a toujours été sublime. Ceux qui font plein d'enfants ont raison. Dieu existe. Celle que j'étais il y a deux heures est lointaine et misérable. Je la plains et je l'oublie.

– Tu montes boire un verre ?

Il bouge sa tête pour dire oui. J'insiste bêtement, histoire de me délecter de ce moment sublime qui marque la convergence de mes envies et de celles d'un autre.

– Je n'ai que de l'eau du robinet. Tu viens quand même ?

Il bouge sa tête encore.

– Il n'y a pas d'ascenseur…

Il m'embrasse à nouveau. Nous passons la porte. Nous montons en vitesse. Je lui donne un verre d'eau, histoire de respecter ma parole. L'horloge du magnétoscope affiche deux heures quarante. Il pose son verre. Je m'approche de lui. Je défais sa chemise. Il déboutonne ma robe. Nous sommes déjà sur mon lit. Ses baisers sont avides. Je lui plais, c'est sûr. Il est dur. Il me touche et me pénètre avec son doigt. Je parviens à attraper un préservatif dans le tiroir de la table de nuit. Il le prend de mes mains, interrompt ses caresses et allume la lumière. Il regarde consciencieusement son emballage. Il dit qu'il préfère les siens.

– Comme tu veux…

Il se lève, fouille dans son pantalon, puis dans son portefeuille. Il éteint. Il revient près de moi. Il enfile, me pénètre et me parle.

– Tu aimes ? J'te fais pas mal ?

Je réponds oui, non, oui. Il jouit. Je n'ai pas eu le temps. Je voudrais qu'il reste encore en moi. Trop tard. Il passe dans la salle de bains. Il revient et déclare qu'il ne peut pas rester, qu'il doit se lever tôt demain, tout ça… Il se rhabille et il me quitte. Je me sens mal. Qu'est-ce que j'ai fait qui n'allait pas ? Il est trois heures du matin. Le tout a duré vingt minutes. Beaucoup trop court. Il a laissé son numéro. Je le jette. Les questions reviennent à l'assaut dans ma tête encombrée. Faut-il toujours faire des manières pour obtenir quelques égards ? Aucune réponse ne vient combler mes doutes. C'est alors que, depuis le fond de mon corps frustré, s'érige une litanie à la fois ironique et plaintive. Elle monte sur un air répétitif et énervant, par-dessus lequel se greffent d'affreuses syllabes : *T'as eu ce que tu voulais, t'as eu ce que tu voulais.* Qui chante ? L'amertume est saisissante. La frustration agace mes perceptions. Des sensations amères s'imposent sans gêne au sein de chacune de mes cellules (il a caressé mes seins lorsqu'il m'a dit au revoir). C'est comme si mon sang transportait cette saveur mélancolique (il a goûté ma bouche une dernière fois avant de partir). La voix parle encore. Elle convient qu'il était délicieux. Elle dit qu'elle partage mon regret de ne pas en avoir disposé suffisamment. Mes mains et ma bouche en conviennent. Mon ventre aussi. Tous mes organes sont bien d'accord. Mon corps parle. Il dit clairement ce qu'il veut. Je m'étonne.

Je ramasse l'emballage doré de son préservatif. C'est une marque anglaise introduite en France. Sur le papier je lis ceci : *Kojak, l'extra-fine lubrifiée 0,3 mm avec réservoir – grande taille.* Les Anglais m'impressionnent. C'est le cas depuis mon premier séjour à Londres. Exactement. Je m'en souviens très bien.

La famille nous avait préparé des sucreries gélatineuses le soir. Je n'avais rien goûté. Je prétextais que le roulis du bateau avait retourné mon estomac :

– *The boat… I can't eat…*

En réalité, c'était la décoration de leur maison et leurs figures qui me coupaient l'appétit. Il faudrait dormir ici trois nuits. Les fleurs imprimées recouvraient tout : la nappe, les rideaux, le canapé. Ce n'étaient jamais les mêmes fleurs. Elles avaient toutes des couleurs différentes, variant sur une gamme de roses et de verts. La nourriture était assortie aux teintures fleuries. Le fils, la fille, le père et la mère se tenaient debout contre la table et nous invitaient à manger. Ils souriaient. La lumière électrique était violente. Les fleurs autour de nous grossissaient dans ma tête. Leur langage indéchiffrable martelait mes tympans. J'aurais voulu comprendre. J'avais peur d'eux. Leurs peaux étaient rouges et leurs cheveux orange. L'iris de leurs yeux s'allumait de la même couleur que leurs pilosités. Tout était assorti. Je me sentais dépareillée, intruse. Seule la mère portait une coiffure légèrement plus claire que les autres. Son regard plus sombre me rassura pour un moment. Ma condisciple trouvait que le fils était mignon. Heureusement, elle s'amusait à baragouiner avec nos hôtes, alors mon silence devenait moins perceptible. Je révélai un affreux mal de tête afin d'être invitée à monter dans ma chambre. J'articulai mollement :

– *I have got a headache…*

Le couvre-lit magenta et les draps froids imprimés de pastilles vertes et turquoise ne m'empêchèrent pas de clore mes paupières. Je m'efforçais d'oublier que je me trouvais dans cet endroit coloré, caricature de dessin animé des années soixante-dix, au sein d'une famille de personnages clonés, aux mœurs non identifiées.

Le matin je me réveillai plus solide. La mère nous invita dans sa cuisine. Elle s'activait entre le four et le frigo en glissant sur ses mules en éponge vert anis assorties aux rayures de sa robe de chambre à dominante orange. Elle s'appliquait. Ses yeux étaient boursouflés. Elle ne s'était pas encore coiffée. Elle nous fit asseoir autour de la table de formica écarlate, sur laquelle deux énormes plats fumants nous attendaient. Cette fois-ci, je ne boudais pas sa nourriture. Des petites saucisses rouges côtoyaient quelques dés de patates revenus dans de l'huile avec des haricots. Un petit bol de teinte saumonée contenait des chips violacées. Elle nous demanda si nous voulions un œuf. *No thank you.* La consistance de ces aliments était comparable à celle des aliments français, ce qui était logique ; cependant, leur sapidité était neutre, au degré zéro du goût. Toute saveur était évaporée, envolée, niée. J'ajoutais du sel, je demandais de la moutarde : rien n'y faisait. Je me méfiai de leurs sauces. Je les testerais un autre jour. Seules les chips parfumées au bacon donnaient une saveur violente et inédite à ce festin matinal. Le café était fade comme toute la nourriture. Un panier de pains variés trônait tout près. Nos saucisses avalées, Mary changea les assiettes. Des plus petites, jaune paille, nous serviraient à préparer nos tartines. La gelée couleur framboise et une confiture verte tremblaient à chacune des secousses de la table bancale. J'en étalais sur la mie du pain toasté. Elle nous proposa encore quelques pâtisseries de la veille. Elle prendrait son petit déjeuner après nous. Pour le moment *hurry up* il fallait speeder, notre car n'attendrait pas. Avant de quitter sa demeure pour la journée, elle nous remit à chacune un sac de papier kraft qui contenait nos déjeuners.

– *Have a nice day !* nous dit-elle en agitant sa main avec une caricature de sourire.

Tout était comme une série télé. Nous ouvrîmes nos sachets déjeuner et comparâmes les contenus : deux sandwichs club dinde-salade et beurre-fromage, un sachet miniature de chips goût bacon, un pot de compote de fruits avec une petite cuiller en plastique rose, deux biscuits secs dans un sachet transparent. Tout était impeccablement rangé dans la boîte Tupperware rectangulaire et beige. Ma voisine possédait un sac identique au mien. Seul le parfum de ses chips (goût oignon) était différent, et son Tupperware était mauve. La mini-bouteille de soda dévissable à la main avait également sa place dans le sachet de papier. Sa taille s'adaptait parfaitement au couvercle plastique du Tupperware. Les Anglais étaient manifestement des pros de l'emballage. Je déchire le papier doré du préservatif. Je le jette. Je m'endors.

Troisième jour

Je me suis réveillée. J'ai pris un café et une orange. Je me suis lavée. Je suis allée au marché, puis je suis retournée chez moi. J'ai posé les sacs et j'ai tout rangé. Ensuite, j'ai préparé les ingrédients. J'ai épluché et haché les échalotes. Je les ai fait suer dans le beurre. Lorsqu'elles furent tendres, j'en ai réservé un tiers pour la farce. J'ai séparé les têtes de cèpes des queues. J'ai nettoyé les unes et les autres avec un linge humide (il ne faut surtout pas les passer sous l'eau, les champignons s'en gorgeraient, deviendraient tout mous et perdraient leur délicate saveur). Ensuite, j'ai coupé la base terreuse des queues. J'ai nettoyé les poireaux, j'ai jeté leurs racines et la partie très verte des feuilles, je les ai bien lavés sous un filet d'eau légèrement tiède, et je les ai coupés en tronçons. Je les ai fait cuire quelques minutes dans une grande casserole d'eau bouillante salée non couverte, jusqu'à ce qu'un couteau les transperce aisément. Je les ai égouttés, puis je les ai rafraîchis pour arrêter la cuisson. Alors je les ai réservés au frais dans une boîte hermétique.

Ensuite j'ai préparé la farce. J'ai passé au hachoir tous les composants. Je n'ai pas utilisé un mixer pour éviter d'obtenir une purée. J'ai assaisonné. J'ai réparti la farce à l'intérieur des têtes de cèpes. Je l'ai bien aplatie.

Pour le bouillon, j'ai haché grossièrement les queues de cèpes au couteau. Dans une petite sauteuse, j'ai fait chauffer le beurre et l'huile. J'y ai fait revenir le hachis de pieds de cèpes puis j'y ai ajouté les échalotes fondues. J'ai recouvert d'eau chaude, j'ai ajouté le bouquet garni, et j'ai laissé cuire à petit feu, couvert. J'ai filtré le bouillon afin qu'il soit très lisse. Je l'ai fait passer au travers d'une passoire à mailles métalliques fines. J'ai bien pressé avec une louche pour que le maximum de matières passe dans le bouillon. Par ailleurs, j'ai fouetté la crème jusqu'à ce qu'elle se transforme en chantilly, puis je l'ai gardée au frais dans une boîte hermétique.

Pour cuire les têtes des cèpes, j'ai préchauffé mon four. Ensuite j'ai fait fondre une cuillerée d'huile et trente grammes de beurre sur feu moyen. J'ai déposé les têtes de cèpes farcies, côté farce vers le fond. Je les ai laissées bien se colorer, puis j'ai retourné délicatement les cèpes. J'ai placé les têtes dans un plat supportant la chaleur, puis j'ai enfourné trente minutes.

Alors j'ai placé les tronçons de poireaux dans une petite casserole avec de l'eau et quinze grammes de beurre, que j'ai fait porter à frémissement. J'ai réchauffé le bouillon de cèpes. Je l'ai fouetté pour le rendre mousseux. Hors du feu, je lui ai incorporé la crème fouettée. Dans des assiettes creuses et chaudes, j'ai déposé les têtes de cèpes farcies, quelques tronçons de poireaux, et j'ai entouré le tout d'un cordon de bouillon mousseux afin de soigner la présentation. J'aurais pu aussi disposer les têtes sur un plat avec les tronçons et servir le bouillon en petits bols individuels… J'avais mal au niveau des tempes. J'ai bien regardé mon assiette et ses têtes de cèpes farcies. Quelle idée de faire des choses pareilles ? Je n'ai rien mangé. Ils ont dit que c'était bon. Ils sont partis. J'ai tout rangé. J'ai fait le ménage, puis j'ai dormi une demi-heure.

Je m'éveille engourdie. Je dois sortir et je n'en ai pas envie. Le dimanche me donne le cafard, même quand le lundi est férié. Je repasse quelques vêtements. Je ne sais pas quoi mettre. J'enfile une robe. Je ne me plais pas. Je vais mettre un pantalon. Ce n'est pas mieux. Peu importe. Je me maquille. Je tente de dissimuler mes cernes, et ma pâleur. En vain. Je sors. J'achète une bouteille chez l'Arabe. Je prends le métro. Je descends à la bonne station. J'hésite entre deux sorties. Je ne connais pas ce quartier. Je trouve un plan sur le mur du couloir. Je ne me repère pas. Tant pis, je sors. Je trouve l'avenue, le numéro. Je compose le code que j'avais noté sur un Post-it. Je me dirige vers l'ascenseur. Un couple s'engouffre avec moi. Ils déclarent monter au même étage. Ce sont des concubins *(c'est toi qui as les clés de la maison ?)* à l'image de ceux que j'ai déjà vus à la télé, dans les séries françaises diffusées en fin d'après-midi. Ils sont assortis. Leurs figures vont bien ensemble. Leurs statures aussi. Leurs vêtements aussi. Le démarrage de la cabine est brutal. Ils se sourient l'un à l'autre durant notre élévation. Ils me font peur. Je ne comprends pas pourquoi. C'est sans doute à cause de l'exiguïté de notre cage d'ascenseur. Je m'accroche au sac de plastique qui contient ma bouteille de champagne. Nous sommes serrés. Nos vêtements s'effleurent. La machine s'arrête. Les portes s'entrouvrent bruyamment. Nous sortons, nous respirons, nous sonnons. L'homme qui nous accueille est certainement le maître des lieux. Il porte une chemise quadrillée. Il sourit. Je dis mon nom. Il dit *ah oui*. Il appelle Caroline. Elle dit *j'arrive*. J'entre. Elle m'embrasse. Elle dit que c'est gentil. Puis elle annonce qu'elle reviendra tout à l'heure pour que je lui raconte *depuis le temps*. Elle s'éloigne pour en embrasser d'autres. Elle saisit des paquets puis elle fait des bises. Ensuite elle déballe. Alors elle dit que c'est formidable et drôlement bien, puis elle embrasse à nouveau tout en remerciant. C'est son anniversaire.

L'appartement est très grand. Deux canapés de cuir clair, des meubles en bois vernis et des tableaux orientalistes voudraient le rendre accueillant. Je ne me sens pas très bien. Je vais prendre un verre pour me rassurer. Je voudrais me retrouver d'humeur joyeuse. Rien ne m'y incite. Peut-être l'alcool. Tout près du bar, je me retrouve coincée au cœur d'une discussion tenue par des personnes que je ne connais pas. Il est question d'un fait divers lu dans le journal. J'observe autour de moi. Je ne connais pas les amis de Caroline. Je regarde le fond de mon verre. Il est déjà vide ! Je simule l'attention devant mon interlocuteur qui poursuit l'inventaire des faits divers de la semaine. Puis je me sers à nouveau. L'autre poursuit :

– C'est l'histoire d'une femme qui a voulu tuer son mari en l'électrocutant dans son bain. La veille, elle s'était exercée sur une carpe vivante qu'elle avait jetée dans l'eau de la baignoire… Puis elle a balancé un sèche-cheveux allumé dans la flotte, et le poisson est mort… Le lendemain, elle a voulu répéter la scène avec son époux…

– Sans blague ?

La soirée se déroule comme j'aurais pu l'imaginer, et pourtant je suis libre. Je pourrais tout changer… Afin de mieux étudier cette hypothèse, j'entretiens scrupuleusement une comédie hypocrite de fille attentive à la conversation. Je dévisage mon interlocuteur tout en hochant la tête. En vérité, je vous le dis : je ne le vois pas. Je ne l'entends pas non plus. Je mobilise en somme toute mon attention sur la contemplation de ce mensonge et la facilité naturelle qui m'autorise à le satisfaire. Je ferais mieux de songer rationnellement au moyen qui me permettrait de transformer cette réalité angoissante en moment savoureux. Je réfléchis flou. Je cesse de penser. Je m'empare d'une bouteille. L'appartement s'emplit comme mon verre. La fumée et les bruits de discussions se font de plus en plus denses. Lorsque j'aurai assez bu, je circulerai plus librement, tel un petit poisson exotique qui n'a pas choisi l'aquarium qu'il occupe. L'aquarium ou la baignoire… Il ne faudrait pas se faire électrocuter par un sèche-cheveux. Non. Je ne suis pas une carpe – même si je n'ai encore parlé à personne depuis que je suis entrée. Ainsi, pour le moment, je demeure figée au sein d'un rassemblement d'espèces diversifiées, du genre batracien. Ils me déplaisent tous et parlent fort. Quoi qu'il en soit, je cohabite. Je ne remarque que leurs défauts (la peau luisante de l'un, la marque de la culotte d'une brune, les dents abîmées d'un autre). Les sons entrent en moi sans aucun filtrage possible. Pourquoi ne pas pouvoir clore ses ouïes comme on ferme les paupières ? Ça coasse de tous côtés. Je me doute qu'ils n'ont pas seulement des défauts. Je crains de voir leurs charmes. Pourquoi ai-je tellement peur ? Je bois encore. Les bruits montent et m'agressent. Mon interlocuteur se voit dans l'obligation de hausser le ton de sa voix (pourtant profondément grave). Tel Ulysse confronté aux sirènes, je voudrais ne plus entendre. Je pourrais les observer à la rigueur, l'essentiel étant de mener ma barque à bon port. Mais je ne connais pas la destination. Je devrais me laisser guider par les bons courants, éviter le piège des enchanteurs aux intentions absconses. Je ne les écoute pas. J'expulse tous les sons extérieurs. Je ne peux pas zapper, alors je coupe le son. C'est drôle. Je fais le silence dans mon esprit. Ma bouche sourit. Je m'étonne de ne plus rien entendre. C'est alors qu'une voix s'élève du fond de mon corps. Elle résonne pour me dire : *Ce ne sont pas des sirènes, ce sont des cra-*

pauds. Bien vu, je pense. Sauf que les crapauds explosent s'ils fument ; ceux-là résistent aux inhalations fuligineuses. Ignorant ma remarque, la voix du fond de mon corps poursuit : *Parmi les coasseurs, il pourrait s'en trouver un qui soit un charmant prince, juste pour un moment.* J'observe alentour. Il suffirait de les embrasser l'un après l'autre pour découvrir le bon, comme dans la chanson. Apparemment et *a priori*, tous servent de repoussoir à Luc. Je repense à lui avec plus de complaisance. La désolation m'habite. Je ne vais tout de même pas regretter de ne pas être suffisamment écœurée pour me sentir vivante ! Pourtant : si ce sont des crapauds et non des sirènes, tout devrait me rassurer puisque le crapaud est repoussant par nature. Je ne risque rien auprès de cet animal – à moins qu'il ne révèle sa réalité de beau prince charmant dès le premier baiser… En vérité, je le déduis : j'ai peur des princes charmants. Je panique. Je me contiens. Les chances d'en trouver un sont aussi minces que celles de gagner au loto – surtout que je n'y joue pas. Je ne me laisse pas abattre par une idée. Ce n'est pas de cette façon que je rassasierai mon corps. La leçon de mon voisin lecteur de Tchekhov sera ici précieuse : il s'agit d'utiliser l'autre pour une satisfaction personnelle, rien de plus. Ne pas céder aux séductions post-coïtales, ni à la paresse. Je ne me ferai plus avoir par le chant des poissons, ni par celui des princes. Je protégerai toujours mes oreilles. Je serai ferme et fermée dès le départ. Aucune transgression n'est tolérable. Un seul coup suffira (ni deux, ni trois). J'entérine ma résolution d'une lampée vivifiante.

Le jeune homme aux faits divers et à la voix grave continue de me raconter des histoires qu'il a lues dans le journal. Enfin il cesse. C'est malheureusement pour me questionner sur les généralités de ma vie. Je le considère : il me dérange. Je le trouve indiscret. Je n'ai pas envie de lui parler. Tant qu'il monologuait, je pouvais le supporter. Maintenant qu'il échafaude un échange, je me tiens sur mes gardes. Je ne voudrais pas me retrouver toute seule auprès de lui. Il s'infiltrerait dans les tréfonds de mon domaine privé et sous mon chemisier. Il se glisserait directement aux endroits réservés, je le pressens. Il agirait avant moi, sans respecter ma volonté : il s'incrusterait. Il représente néanmoins la proie la plus rapidement accessible pour une satisfaction immédiate de mes besoins essentiels. Je pèse le pour et le contre. Je fais le silence dans ma tête. La voix revient à moi du tréfonds de mon corps. Elle tente de me convaincre : *C'est parce qu'il est bavard. Bouche tes oreilles – tel Ulysse avec les sirènes – tu verras qu'il n'est pas si repoussant.* Tu parles. Je vais réfléchir afin de prendre une décision.

Je m'éloigne pour rencontrer d'autres convives, tout aussi ennuyeux, sans doute, mais nouveaux. Je trouve un groupe qui m'accueille. Le bavard aux faits divers me rejoint aussitôt. Il me tend encore un verre. Je le reconsidère : il est vrai que je pourrais l'apprécier physiquement. Il convient *a priori* à mon goût. Je le trouve toutefois tellement fatigant avec ses histoires à la voix profonde que je préférerais éviter sa conversation. Faire silence. La voix du fond de mon corps me fait remarquer que je me suis approchée de personnages bien moins ragoûtants. Elle m'énerve. Je lui rétorque que je n'échangeais alors aucune parole avec ces individus, aucune parole, ni rien du tout. Luc désamorçait toujours l'échange. *Ah !* répond le fond de mon corps, *tu vois bien qu'il suffit de ne pas discuter ! Alors tout ira bien.*

Elle prend de grands airs. Elle m'agace encore plus. Pour la peine, je vais m'essayer sur un autre garçon : ne pas faire attention à ses propos dans l'espoir de me laisser séduire. Je simule donc un bavardage avec mon nouveau voisin. Ce jeune homme appartient au groupe des individus conformes aux normes en vigueur ; ni trop beau ni trop laid, bien habillé, apparemment très sérieux et responsable, ennuyeux comme il se doit, bien-pensant, modéré, en un mot : convenable. Voilà tout ce que je déteste, incarné, et tout près de moi. Pourrait-il convenir ? Je m'imagine mariée avec un type comme lui. Il ferait un ennemi idéal, une victime solide et exemplaire. Toute ma haine s'épancherait sur ce clone, alors je pourrais vivre ma vraie vie, soulagée de tous les sentiments abjects qui pourrissent mon existence et que je déverserais régulièrement sur sa personne. Je n'aurais jamais mal au ventre : je ne l'aimerais pas, forcément. Je ne réfléchis plus. La voix du fond de mon corps me fait remarquer que pour en arriver là il faudrait attendre au moins deux semaines : *D'abord le séduire, organiser un rendez-vous, ne pas coucher le premier soir – histoire de se faire respecter. Céder au second rendez-vous si le type ne s'est pas découragé.* Et puis quoi ? S'il ne me plaît vraiment pas : être obligée de le revoir sous prétexte que nous avons esquissé « une liaison ». Je courrais toujours le risque d'égratigner mon indifférence… Je le veux à condition qu'il demeure un stéréotype universel, le contraire d'un individu, une entité creuse, implantée par miracle dans la réalité afin de soulager mes débordements tout en m'épargnant les siens. Je pourrais aussi bien le jeter sans un mot après l'avoir consommé, comme la plupart d'entre eux le font, avec la plupart d'entre nous, filles. *Comme tu le fais le plus souvent !* chante mon ignoble voix. Je lui fais remarquer de l'intérieur que moi au moins, je les préviens à l'avance ! Je ne leur fais pas croire que ce sera pour la vie, ni que je leur fabriquerai des enfants après leur avoir donné ma main… Je bois une autre gorgée. Tout est trouble dans cet aquarium enfumé. Je ne suis pas sur terre pour venger l'espèce féminine, ni pour trouver un époux. Non : seulement satisfaire les besoins de mon corps, et le plus vite possible. Le garçon convenable avec lequel j'ai songé à me marier évoque l'un de ses récents voyages. Je lui dis que je quitte rarement Paris. Il me demande :

– Même pas pour les vacances ?

– Je ne bouge pas souvent.

– Mais il faut partir en vacances au moins deux fois par an !

Je vide encore mon verre. Il me regarde très sérieusement. On dirait qu'il me donne un ordre incontournable, ou qu'il énonce un commandement vital. Quel époux ferait-il donc ? Quel père pour nos enfants ? Ces perspectives terribles me donnent le vertige. Les solifluxions de la moquette rappellent mon attention sur l'autre bavard à la voix profonde. Je le repère un peu plus loin. Il voit que je le regarde. Il revient vers moi. Il me propose un autre verre *je veux bien*. Il s'éloigne. Il se déplace comme un yoyo, loin de moi, près de moi, loin de moi, près de moi. À moins que ce ne soit le sol qui ait tout manigancé pour nous faire glisser l'un contre l'autre. Il s'approche à nouveau. Je saisis la coupe. Ce type est sans aucun doute le plus accessible de la soirée, la voix du fond de mon corps a raison sur ce point. Il ouvre la bouche et parle. Il raconte ses propres vacances. Je ne me sens pas bien du tout. Je dois quitter cet endroit avant de me noyer. Tant pis pour les besoins de mon corps. J'interromps la narration d'un périple en Turquie pour déclarer que je dois rentrer. Je prétexte l'heure du dernier métro, comme si j'avais besoin d'un mot d'excuse. Je les quitte et je salue ma prétendue amie en la félicitant avec toute la duplicité que je suis capable de mobiliser. Le yoyo bavard à la cadence imperturbable resurgit d'un seul coup pour proposer de me reconduire en voiture. J'accepte à condition que ce soit immédiat. Il prend sa veste et nous descendons. Il récite à ce moment un discours de garçon qui prévient une fille que sa voiture n'est pas terrible d'apparence, mais qu'elle roule bien de toute façon, *et c'est le principal, n'est-ce pas ?* Il faut que je continue de discuter avec lui – *à faire semblant de discuter.* Si j'avais la force de ne pas faire semblant, je lui avouerais que j'en ai rien à foutre de la gueule de sa voiture, que je veux seulement prendre l'air et, à l'occasion, avoir la paix dans ma tête. Je n'ose pas. Alors je réponds comme elles font dans les films. Je baratine un discours de fille qui prévient le garçon qui la raccompagne qu'elle ne l'invitera pas à boire un verre chez elle. Nous nous installons. Je me retrouve seule avec ce personnage dans son véhicule qui roule bien *et c'est le principal.* J'ouvre la fenêtre. Le silence fait des vols planés. Ma voix s'est tue. Elle n'en profite pas pour me donner des conseils impossibles (comme de ne pas discuter avec les personnes avec lesquelles je parle !). Je ne veux pas de ce type. J'ai réussi à m'enfuir de la fête. Il me reconduit et ce sera tout, merci. Je serai fidèle à ce que je viens de lui dire, faute de l'avoir été à mes pensées lorsque je lui parlais. Je ne l'inviterai pas à boire un verre chez moi.

Nous arrivons. Il stationne. Comme dans les films et en dépit de mes propos distants, mon chauffeur cherche à m'embrasser pour me dire au revoir. Je résiste.

– Je t'avais prévenu tout à l'heure. Tu ne comprends pas ce qu'on te dit ?

– Juste un baiser, ça ne t'engage à rien…

Comme il a le souffle chaud et que sa peau hâlée, si proche de ma bouche, n'est pas si repoussante, je me force à peine. L'expression *ça ne t'engage à rien* me convainc facilement. J'embrasse sa peau mate tout autour de sa bouche. Ses baisers sont délicieux, comme son goût et le mouvement de ses mains qui se promènent simplement sur moi. Nous passons du temps dans la voiture. La douceur de la nuit m'apaise. Alors la voix revient : *Tu vois bien qu'il est bon.* Je voudrais qu'elle se taise. Ma bouche est comblée et c'est meilleur que mon pouce. La buée recouvre les vitres. Nous brûlons tous les deux. Nous nous embrassons simplement et nous nous effleurons. J'ouvre sa chemise et je découvre son ventre, et son torse ferme et chaud. J'ai envie de lui. Je le lui dis. J'ajoute que je ne peux pas… J'ignore pourquoi j'ai dit ça. Sans doute pour corriger l'aveu sincère que je viens de lui faire. Peut-être aussi pour mesurer son désir à l'insistance qu'il mettra pour le satisfaire. Il me dit que je suis contradictoire. J'apprécie son sens de l'observation. Je ne trouve aucun motif valable pour me priver d'une telle rencontre, finalement. Il me plaît. Pourtant j'ai toujours peur. Je redoute le dégoût et le malaise que j'éprouverai en m'éveillant demain, dégrisée. Je le retrouverais là, tout près de moi, avec son odeur et son envie d'un café s'il te plaît, dans mon propre lit qui ne le serait plus. Il faudrait discuter. Supporter l'embarras de la déception inhérente à ce type de rencontres. Puis faire le ménage en grand une fois qu'il aurait dégagé. Ouvrir les fenêtres malgré le froid afin de dissiper les séquelles de son odeur. Changer les draps. Laver son bol. Nettoyer la salle de bains… J'évoque le problème, à peine. Je dis *demain j'aurai changé.* Il promet qu'il partira quand je le lui demanderai, et qu'il ne cherchera pas à me revoir si je ne le souhaite pas. Il pourrait mentir comme mon voisin tchékhovien. Je lui fais répéter sa promesse. J'embrasse sa bouche alors qu'il obéit. Puis je m'abandonne délicieusement à la tentation.

Chez moi je n'allume pas. Je le guide vers mon lit. Nous nous embrassons encore. Il glisse ses mains dans mon dos. Je détache la boucle de sa ceinture. Les ondes qui émanent de son corps s'accordent aux miennes sans fausses notes. Elles me chantent des chansons charmantes. Je retire mon chemisier. J'ai le sentiment d'être seule, et pourtant il est là. Cette sensation nouvelle auréole sa présence. Il ne me dérange pas. Nous nous allongeons l'un contre l'autre. Nous nous entendons tout doucement. Chaque moment s'accorde au précédent, pour une harmonie en plusieurs mouvements. Alors nous nous endormons.

Je me promène en un lieu familier. Toutes sortes de voix s'érigent ensemble, ou en écho. L'une d'elles se distingue, grave et méchante. Elle étouffe toutes les autres. Elle gronde : Dieu préserve la première qui ouvre la bouche ! *Ces mots-là réveillent mon souvenir à mesure que je m'endors. Puis j'entends la même phrase, encore :* Dieu préserve la première qui ouvre la bouche ! *Alors, l'image de l'orateur apparaît dans mon rêve. Je le revois et je me souviens : l'exclamation, proférée haut et fort, s'articulait sur une érection du bras droit tendu, simulation grotesque mais redoutablement efficace de l'acte qui annonce une grande baffe dans ta gueule (si tu l'ouvres). Cette image m'effrayait. Je voyais le gros Monsieur dans son costume trois-pièces étriqué, sa cravate soyeuse et unie, ses chaussures vernies, comme Babar, mais sans guêtres, et en très méchant. Il grondait, tel un contrôleur de tous mes actes, un contrôleur énorme, vigile de mes paroles. Il me demandait de la fermer. Je me suis tue. Avec ma voix d'autres sont mortes : c'était toutes mes envies, mes déterminations, mes certitudes et mon insouciance (c'était les dessins de mon caractère, les empreintes de l'être qui m'avait marquée, et toutes les traces de mes impressions). Le contrôleur évoquait Dieu, la possibilité d'une préservation, ma bouche. Je la comblais de mon pouce dès qu'elle s'entrouvrait. Je ne laisserais rien en réchapper. Pourtant, j'étais née en hurlant, et il s'en fallait de peu que je ne maîtrise mon alphabet au moment où l'obèse contrôleur menaçait ma figure de sa poigne terrifiante. Le danger de la douleur physique et l'angoisse induite par le ton grave et puissant de l'objurgation parvenaient à étouffer ma voix. Jusqu'alors, j'avais toujours feinté mon monde. Les fentes verticales et horizontales qui marquaient ma personne préservaient mes secrets. Je les entrouvrais à mon gré, afin de pisser, ou pour crier. Apparemment, je maîtrisais leur usage. Alors, les femmes d'expérience s'approchaient pour voir. Elles observaient mon corps, donnaient leurs commentaires. Elles se disaient conquises, séduites par mes rondeurs, attirées par mon calme animé. Elles complimentaient ma mère. Elles me trouvaient douce et gracieuse. Elles effleuraient mon menton dans l'intention de faire jouer les commissures de ma bouche en une érection qu'elles prendraient pour un sourire ; un sourire qui les soulagerait pour une seconde de leurs sales corps putrides, ridés, secs et malheureux. Puis elles se relâcheraient enfin, confiantes. Elles s'agiteraient plus librement, profitant de mon silence pour exprimer quelques indignations ; elles avaleraient quelques gorgées de thé brûlant ; elles goûteraient quelques biscuits. J'entendrais leurs plaintes contrites, simulacres de confessions authentiques, et tandis qu'elles mastiqueraient du bout des lèvres l'infime bouchée qu'elles auraient brisée d'un petit four sec et ramolli – alors, je pousserais mon hurlement.*

Je sombre plus profondément encore dans le sommeil, et le souvenir de mes peurs reprend corps en mes songes. Je percevais d'autres stridences depuis que je m'étais tue. Il en était une qui donnait d'autres leçons. Elle admonestait :

Celle qui ouvre la bouche ne peut le faire que pour prendre note du menu : *Et pour Monsieur ?* Qu'est-ce que ce sera ? Celle qui l'ouvre et la laisse béante prend un air imbécile qui réconforte l'assurance relative de ses voisins virils. Celle qui l'ouvre laisse entrer. Mais celle qui l'ouvre et laisse sortir, celle-là, cette garce, mérite une grande baffe. Ne sont autorisés à sortir de son corps que ses excréments et sa progéniture. Celle qui parle est trop aiguë, trop avide et trop stupide. Il faut les bourrer pour qu'elles se taisent ; les fourrer et les engrosser ; les occuper. Elles n'ont pas d'avis. Elles suivent. Elles n'inventent pas les chemins. Elles marchent dans les pas des autres, les pas du tout et les non jamais. Elles se vouent à celui qui a la plus grosse. C'est tout ce qu'elles demandent. Elles lui obéissent et elles se prosternent. Celle qui ouvre la bouche ne peut pas chanter, elle a trop mal au cœur. Celle qui l'ouvre geint et mérite encore la rancœur qu'on lui porte. Une porte est ouverte ou fermée, ouverte ou bleue. Sa bouche est rouge, et elle appelle le stupre dès qu'elle s'ouvre. Tout est sa faute depuis le début, à cause de sa bouche rouge et à cause de sa faute. Celle qui l'ouvre devrait sourire en silence, et desserrer les cuisses. Celle qui l'ouvre connaît les grossièretés, plus sales encore dans sa sale bouche. Celle qui l'ouvre aura toujours tort et la question n'est même pas là. Elle a tort et se trompe, qu'elle ne vienne pas pleurer d'être trompée ! Celle qui l'ouvre ne coud pas pendant ce temps-là. Celle qui l'ouvre a la voix qui tue. Elle n'a pas le droit de rire. Je meurs, elle se tue. Elle se tait, je renais. Celle qui l'ouvre sera punie. Celle qui coud connaît la voie et suivra le chemin d'épines jusqu'au bout, jusqu'à la quatorzième station, alors elle sera exaucée : elle n'aura plus rien à dire. À force de piquer les aiguilles pour assembler les pièces qui protégeront leurs corps, celle qui se tait oublie son temps. Elle attend tout en les préservant, eux, avec les bouts de tissu cousus par elle qui se tait. En vérité : en vérité je vous le dis, Dieu ne préserve jamais la première qui ouvre la bouche. Il est trop occupé à soigner celles qui l'ont fermée, durant tout le chemin, d'épines, celles qui l'ont traversé, tout en la fermant, contrites. Elles sont nombreuses. Elles arrivent éreintées, et elles n'auront plus jamais rien à dire. Elles ont ouvert leurs cuisses et laissé déchirer leurs béances pour expulser les fruits, coudre et les préserver. Elles se sont fait enculer et ce n'était pas désagréable. Elles se sont vengées par-derrière, sans que personne ne voie. Même pas elles, elles ne s'aiment pas assez. Et même pas Dieu, qui n'a pourtant pas besoin de lunettes. Celui-là, de toute façon, fait tout par-derrière, comme elles. Lorsqu'elles arrivent là-haut, elles en ont marre et elles se laissent aller. Elles seraient en bas, ce serait pareil. Elles pensent qu'elles sont arrivées, alors ça suffit. Elles ont oublié le reste comme elles se sont habituées à tout oublier pour ne plus avoir mal. Quoi qu'il en soit, elles n'avaient pas le choix, puisqu'elles ne pouvaient pas l'ouvrir ! Dieu ne préserve rien du tout, et surtout pas leurs ouvertures. Dieu vomit leurs ouvertures comme elles vomissent le sang, les pleurs et toutes leurs sécrétions, par toutes leurs ouvertures. Elles bêlent comme les chèvres. Elles sécrètent comme les carpes. Voilà les femmes et voilà ce que tu es, toi, là, qui fais semblant de dormir. Dieu ne préserve pas la première qui l'ouvre ! Vos voix ne sont pas graves, elles sont trop aiguës ! Celle qui l'ouvre salit sa bouche quand elle l'ouvre. Elle ira laver sa langue dans les vagues de la mer iodée qui est le contraire de sa mère, dégoûtante. Elle trait le contraire et en extrait la fente par laquelle elle feinte tous les autres et tout le monde. Elle trait le con la dégoûtante et elle se trompe de lait. Elle se croit belle ! Elle est sale comme le sel qui sale mais qui est blanc. Elle noircit d'un seul bloc, puis elle pourrit parce qu'elle n'a rien dans le ventre. Elle rentre du chemin d'épines et ses pieds ne sont pas dégonflés. Si tu perds la pantoufle de vair qui te va, tu laisseras des traces de suie, pauvre truie ! Ne redoute plus jamais d'observer les pouces de pied des hommes, ils en disent bien plus long que leur pine !

Cette sale voix se tait. Je ne lui promets rien. J'ouvre les yeux. Le garçon dort et il me plaît, puis le sommeil me reprend. Une autre voix s'érige :

Les coups de pied n'ouvrent rien et laissent les bouches scellées. Il vaut mieux l'ouvrir et prendre son pied dans sa main, contre son cœur. Il faut sans foi l'ouvrir et sortir la syllabe du son. Nous articulerons plus tard. La syllabe du son doit sortir pour ne pas pourrir en ton sein. Elle partira vers le ciel et l'amer du sel qui sale. Elle se pâmera dans l'air et jouira plus vite que l'éclair au café. Ce que tu as fait n'est pas dit, pas su, pas pris. Le cri peut et il le sait. Il le sale. Il ne ment jamais. Il est soupir de Sainte, c'est le cri de la Fée. Respire bien ! Le cri tue l'horreur qui est écrite dans les déjections. La vache chie son lait par ses tétines. Dis-lui : non-merci-je-n'aime-pas-le-lait-du-pied-gauche-transpercé-d'épines-qui-portent-bonheur. Attends le moment quand il fera nuit, quand elle ne nuira plus. Attends quand c'est la nuit, et le jour tu mens. Tu jouis quand tu mens. Entends-tu lorsque je te parle ? La vérité je te le dis est une sale menteuse qui ne sait pas l'ouvrir. Elle est celle qui salit sa bouche quand elle l'ouvre. Le fossé qui sépare ton âme de ton corps n'est pas toi. Ne te tais pas.

Et puis, dans mon rêve, quelqu'un arrive. Il chante :

« On tira à la courte paille, on tira à la courte paille,
Pour savoir qui qui qui serait mangé ohé ohé. »

C'est un marin qui connaît les marins. Je lui demande pourquoi les marins qui avaient faim ne mangeaient pas les mouettes qui criaient par-dessus leurs têtes. Il répond y a rien à bouffer sur les mouettes. *Il dit que les mouettes sont des tuyaux avec des plumes tout autour ; des tuyaux qui ne savent pas où se poser ; des tuyaux qui transforment les cadavres de poissons putrides en fientes de mouettes balancées sur les têtes des marins qui se bouffent entre eux. Il répète qu'en dessous des plumes des mouettes, il y a juste un tuyau, du tuyau vide à l'intérieur, rien à manger. Le marin regarde la mer salée et les plis sous ses yeux font des étoiles de mer. Les sirènes ne chantent jamais ou alors je suis sourde. Je pense que je suis une mouette. Je crois que je suis muette. Je me suis tue.*

Les voix se sont posées et je perçois un autre air. Il chante en anglais please could you stop the noise I'm tryin a get some REST ? from all the unbornchikkenVoices in my head ? *Je réponds que je ne suis pas avortée et que je ne suis pas une poulette. Je ne vois plus rien parce que mes yeux sont allumés. Je les ferme et tout s'ouvre. Au fond de moi j'entends encore une voix. Je la connais, c'est la mienne. Elle gémit :*

Entendre les voix de Dieu et les suivre à la lettre,
Pénétrer dans son œil et crever ses lunettes,
Ô raison honorable,
Quelle voix n'est pas sortable ?

Elle se tait. Je comprends qu'elle se soit tue puisque tu as une bouche. Elle a du mal à l'ouvrir. Elle veut passer par moi pour voler goûter l'air. Elle pousse mon pouce qui se retire de mes lèvres. Elle chante rarement. Quand elle s'y met c'est pour dire qu'elle est moi. Pour toujours. Alors j'ouvre la bouche et je dis :

« Dieu ne préserve rien du tout, les fuites gouttent de moi. Je saigne. Les gouttes règlent mes sens. Je suis dégoûtante. Le rayon vers moi lira mes pensées rouges. La lumière poudroie vers moi. Je fais lever le soleil par-dessus ma tête quand je ne mens pas la nuit. Je suis en chemise et l'astre rougit. Je ne suis pas pour toi si tu te rends. Le rayon vert lira les pensées que sécrète ma bouche. Il me touche. Je m'ouvre et je brûle. Je voudrais me taire pour dormir et l'ouvrir demain avec les volets qui ne pleureront plus. Tout est sage. Eux se pâment en donnant leurs gouttes. Le soleil luit. Ne me demande rien. Puis il se couche. Alors moi j'accoucherai aussi, par le ministère de mon intérieur. Je veillerai sur ton corps, et nous nous entendrons. Maintenant je sais comment survivre à cette affaire. Il faudra goûter de bonnes choses. Personne ne sera en retard. Le lapin nous attendra et nous nous entendrons. »

Je m'endors pour de vrai. Pour un sommeil sans rêve.

Épilogue

Des troubles sécrétoires réveillent mon attention. Ça déborde sous ma langue. Je perds la tête et j'entends mon ventre. La faim m'habite. J'avale la salive. Puis l'eau revient dans ma bouche. Le parfum du vin déversé dans mon verre excite encore mes fonctions salivaires. Je redoute de baver. L'affaire devient gênante. Je dois reprendre le contrôle de la réalité, du présent et de mon corps. Le miroir face à moi ne me dit rien qui vaille. Je préfère me dispenser des images réflexives. Je peux me regarder sans elles. Installée à cette table, je vois seulement mes mains, mes avant-bras. La rotation de mes muscles supinateurs révèle leur face interne, tendre et glabre. Et mes paumes restent ouvertes, à moitié ouvertes. Mes ongles sont peints en rouge. Je voudrais respirer l'intérieur de ma peau, ou bien la mordre. Nous avons tous commandé du gigot. En attendant, je continue d'observer mes mains qui ne saisissent rien. Mon index bouge à peine comme pour me faire un signe. Je suis mon corps. Il me contrôle. Ses humeurs sont les miennes. Les liquides organiques s'épanchent de moi, c'est-à-dire de lui-même, c'est-à-dire de moi-même. Nous ne faisons qu'une. Je voudrais goûter autre chose, pour combler mes lacunes. Il suffit de tendre le bras et d'attraper le verre rouge. Je l'effleure. Mes doigts s'y collent en corolle afin de s'en emparer. Je le conduis jusqu'au bord de mes lèvres. Je respire. J'introduis la substance. J'aspire la première larme, assaillie par ma bave. J'avale immédiatement. Les sucs se mêlent et dépassent le seuil de mes perceptions. Alors je recommence. Les essences capiteuses suscitent le même effet. Je contiens mon plaisir. Je relâche le verre. Puis je respire encore. L'assiette qui m'est destinée repose désormais sous mon nez. L'agneau fume. Je tourmente nerveusement le bracelet de ma montre. Tout esprit doué de pénétration comprendra qu'il s'agit d'opérer pour une fraction de seconde l'oubli jaculatoire qui autorise l'extase. Le corps se laisse prendre et l'esprit s'égare. Mais l'acéphalie ne dure jamais. L'intensité de l'absence ramollira froidement pour se laisser reprendre par une pensée subite. La satiété rend raisonnable, et parfois triste, pour un petit moment. Les ventres vides n'entendent rien. Et le mien fait toujours du bruit. Les autres ont cessé de parler. Nous agitons nos instruments. Je découpe et je pique. Le sang suinte sous la pression de mes dents. Sa saveur est exquise. Je mâche sans y penser et la bouchée se laisse avaler, comme appelée par mon ventre. D'autres suivent. Je les tranche, je les soulève et je les mastique. Les conversations reprennent. Mon ventre s'est calmé depuis que j'ai avalé. Je peux discuter aussi. Je ne sais pas de quoi je parle. Les autres entendent mes mots et je comprends les leurs. Nous nous demandons pourquoi l'appétit rassasié ne procure pas d'orgasmes. Nous décrivons chacun la sensation de nos faims.

Édition exclusivement réservée aux adhérents du Club
Le Grand Livre du Mois
15 rue des Sablons
75116 Paris
réalisée avec l'autorisation des éditions Denoël

*Cet ouvrage
a été transcodé
et achevé d'imprimer
sur Roto-Page
en mai 1999
par l'Imprimerie Floch
à Mayenne.*

*D.L., mai 1999.
Imprimeur, n° 46155.
Imprimé en France.*